AF460365

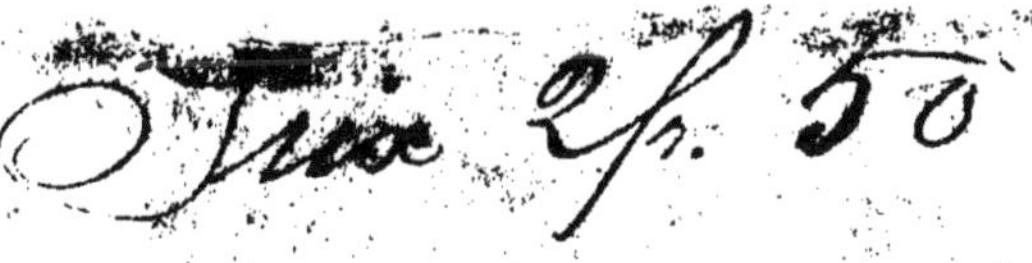

SECONDE RÉPONSE

A

M. LE BARON D'AZÉMAR

COLONEL DU 6e RÉGIMENT DE LANCIERS,

Auteur de l'Ouvrage

AVENIR DE LA CAVALERIE,

(PARTIE PUREMENT ÉQUESTRE DU TROISIÈME VOLUME);

PAR

M. le Comte SAVARY DE LANCOSME-BRÊVES,

CHEVALIER DE LA LÉGION D'HONNEUR,

Membre du Conseil général de l'Indre, etc., etc.

PARIS

LIBRAIRIE MILITAIRE

J. DUMAINE, LIBRAIRE-ÉDITEUR DE L'EMPEREUR,

Rue et Passage Dauphine, 30.

1861

SECONDE RÉPONSE

A

M. LE BARON D'AZÉMAR,

COLONEL DU 6e RÉGIMENT DE LANCIERS.

Paris. – Imprimerie de Cosse et J. Dumaine, rue Christine, 2.

SECONDE RÉPONSE

à

M. LE BARON D'AZÉMAR

COLONEL DU 6e RÉGIMENT DE LANCIERS,

Auteur de l'Ouvrage :

AVENIR DE LA CAVALERIE,

(PARTIE PUREMENT ÉQUESTRE DU TROISIÈME VOLUME) ;

PAR

M. le Comte SAVARY DE LANCOSME-BRÊVES,

CHEVALIER DE LA LÉGION D'HONNEUR,

Membre du Conseil général de l'Indre, etc., etc.

PARIS

LIBRAIRIE MILITAIRE

J. DUMAINE, LIBRAIRE-ÉDITEUR DE L'EMPEREUR,

Rue et Passage Dauphine, 27.

1861

AVANT-PROPOS.

Nous devons savoir bon gré à M. le baron d'Azémar d'avoir donné la suite de son ouvrage l'*Avenir de la cavalerie.* Son troisième volume fournit, il est vrai, matière à la critique, mais il soulève des questions qui, étant discutées, jetteront *de la lumière sur l'équitation elle-même.*

Dans cette nouvelle analyse, nous croyons être resté dans les bornes d'un examen impartial, et si nous avons cherché à relever quelques erreurs, nous l'avons fait en regrettant d'y être obligé par l'importance du sujet.

Le lecteur, qui connaît les trois volumes de M. le baron d'Azémar, appréciera, et pourra se convaincre que nous avons évité d'entrer dans des questions qui pouvaient devenir délicates à traiter, sans avantage pour la science.

L'auteur de l'*Avenir de la cavalerie,* n'ayant rien à opposer aux raisons que nous lui avons présentées dans notre réponse à ses deux premiers volumes, croit sans doute avoir sauvé sa responsabilité d'auteur en faisant l'éloge d'écuyers vivants, qu'il met ainsi en cause d'une manière indirecte. Il ne s'aperçoit pas qu'il condamne lui-même par là ses doctrines, attendu que les écuyers qu'il cite sont également des autorités qu'on peut invoquer contre ses principes équestres, en supposant qu'il en ait de très-arrêtés.

Nous avons donc évité d'entrer sur le terrain où M. le colonel avait l'imprudence de nous appeler, et en cela nous nous sommes montré très-conciliant à l'égard d'un auteur qui ne s'est pas assez préoccupé de savoir, en mettant des noms propres en avant, si les écuyers qu'il cite, et qui sont nos amis, partageaient sa manière de voir ou la nôtre.

Dès le début de son premier volume, l'auteur de l'*Avenir de la cavalerie* est parti d'un principe erroné :

Celui de s'occuper *de tous les accessoires* de son sujet, avant de poser carrément *les bases du principal.* C'est ce qui ressort de la lecture de ses trois volumes, sous le rapport équestre, bien entendu, car nous avons laissé aux militaires l'examen des questions qui ne sont pas de notre compétence.

Cela expliqué et compris, nous allons entrer en matière.

A L'INFANTERIE.

I

Job. — Salomon. — Ancien Testament. — Réponse.

« Eh quoi ! vont s'écrier nos lecteurs, *si toutefois nous* « *sommes assez heureux pour en avoir conservé jusqu'ici*, « observe M. le baron d'Azémar. Eh quoi ! nous voici « arrivés *à grand'peine à la tactique de l'infanterie*, « et vous débutez dans cette nouvelle carrière par « un *traité d'équitation*, *d'hippologie*, *d'hippiatrique*. « Qu'avons-nous à faire, nous, fantassins, qui voulions « entendre parler de l'infanterie, d'un long chapitre sur « le cheval et sur ses vérités ?

« PATIENCE, chers lecteurs ! ne repoussez pas *dédai-* « *gneusement* ce livre ; *lisez encore* ces quelques pages, « écrites dans un but *réel* d'utilité, précisément pour

« vous, *officiers, sous-officiers et soldats d'infanterie, et* « *surtout ne vous effrayez pas si nous prenons les choses* « *d'un peu loin.*

« *Il y a cinquante siècles*, qu'un roi pasteur, poëte et « écuyer, habitant la terre de Hus dans l'Idumée, sur les « frontières de l'Arabie, le saint homme Job, en un mot, « plus connu par sa patience et ses malheurs que par sa « science équestre ; IL Y A CINQ MILLE ANS, disons-nous, « que le célèbre patriarche, dans un de ses transports « d'imagination poétique, frappé de la beauté d'images « qu'offrait le cheval guerrier, écrivit cette brillante et « magnifique description du cheval : Ses naseaux souf- « flent l'épouvante ; de son pied, il creuse impatiemment « la terre, il ronge le frein qui enchaîne son audace, il se « précipite au-devant de ses ennemis.

« *Inaccessible à la peur*, il affronte les glaives mena- « çants.

« L'éclat et le cliquetis des carquois, des lances et des « boucliers ne font que l'animer davantage.

« Il bouillonne, il frémit et dévore la terre, il respire « avec ivresse l'odeur lointaine de la guerre. Il tressaille « aux commandements des chefs et aux cris des soldats.

« A-t-il entendu la trompette, il dit : allons.

(JOB, chap. XXXIX.)

« Ce fragment, ajoute M. le baron d'Azémar, est la « première et la plus pompeuse des descriptions qu'on « ait faites des qualités du cheval, le *plus beau* comme « le plus vaillant esclave de l'homme ; » M. le colonel désigne en ce moment le cheval comme le *plus vaillant* esclave de l'homme; s'il est le plus vaillant, il lui reconnaît donc aussi de la vaillance, c'est-à-dire du courage, et en cela il est d'accord avec le roi pasteur. Quant à ce dernier, il n'est pas douteux qu'il en accordait au cheval qu'il montait et qu'il devait être lui-même un hardi cavalier lié avec son coursier de la tête au pied, c'est-à-dire *moralement* et *physiquement*, formant un double être, n'ayant qu'une seule âme inaccessible à la crainte.

Dans la pensée de Job, l'homme de guerre s'identifie le cheval sur lequel son empreinte s'incruste comme celle du cachet sur la cire, tandis que le cavalier moderne, esquissé par la plume inexorable du colonel, est un cavalier sans assiette, sans jambes, sans mains, sans moral, un ballot inerte dont le noble coursier a hâte de se débarrasser.

M. le baron d'Azémar continue ainsi :

« Le roi Salomon, passionné pour les chevaux, disait « dans le Cantique des cantiques : « Ma bien-aimée, je « vous compare à la beauté de mes cavales.

« *Equitatui meo in curribus Pharaonis assimilavi te,* « *amica mea.*

« On voit encore dans l'Ancien Testament que le cheval « est regardé comme le symbole de la guerre : *Equus* « *paratur in die belli.*

« Tous les poëtes qui vinrent après le saint homme Job « et le roi Salomon s'emparèrent de ce canevas lyrique « si facile à broder, et l'opinion générale adopta défini- « tivement le type du cheval belliqueux et héroïque. »

Le cantique du roi pasteur, que tout le monde sait par cœur, prouve, avons-nous dit dans notre *Guide de l'ami du cheval*, p. 69, *que de tout temps le cheval a été monté, dressé et associé aux premières guerres des hommes.*

Tout d'abord, nous dirons que l'époque du règne du roi Job est contestée ; il vivait, selon les uns, du temps de Moïse, 1500 ans avant J.-C.; selon d'autres, son existence remonte à Jacob, et enfin, quelques savants soutiennent que Moïse est lui-même l'auteur du livre de Job.

Quoi qu'il en soit, personne n'ignore que les patriarches prenaient à volonté le langage mystique, poétique, prosaïque, conformément aux enseignements qu'ils voulaient donner.

Lorsque Job s'écrie : en parlant du cheval,

A-t-il entendu la trompette, il dit : *allons !*

On n'en a jamais tiré la conséquence que le cheval parlât ; mais on lui a accordé l'*expression*, faculté native qui lui permet, par le jeu de ses organes, de montrer l'impatience qu'il a de partir : langage de tous les animaux compréhensible pour tout observateur. Et quand ce saint roi pasteur, dans un autre passage sur la sagesse et la toute-puissance de Dieu, adresse aux hommes cette significative apostrophe :

« Interrogez les animaux, et ils vous enseigneront; con-
« sultez les oiseaux du ciel, et ils vous instruiront; parlez
« à la terre, et elle vous répondra, et les poissons de la
« mer vous donneront des conseils ; »

Certes, qui n'a pas vu le sens à peine voilé de ces conseils ? qui n'a pas interrogé les animaux, consulté la terre jusque dans ses cavités les plus profondes et retiré d'utiles leçons en s'inspirant de ces maximes d'inspiration divine ?

Maintenant, si nous quittons le sens mystique pour entrer dans le prosaïsme le plus terre-à-terre,

Suivons pas à pas Salomon dans ses haras et ses écoles de dressage.

Nous le voyons régénérateur de la race chevaline en Arabie, 1000 ans avant J.-C.

« Des Arabes de l'antique tribu des Azdides ou Béni-
« Azd allèrent du fond de l'Arabie, de l'Oman leur patrie,
« visiter le roi des rois, Salomon, fils de David ; Salomon
« leur donna un cheval de race qui fut appelé *Zâd-el-*
« *Râkeb* ou *viatique du cavalier*. Zâd-el-Râkeb, disent
« les Arabes, est la souche, l'aïeul premier de leurs
« chevaux, le sang qui créa le noble coursier de
« l'Arabie. »

(Nacéris, trad. de M. Féron.)

Il avait fait construire plus de 4,000 écuries pour ses chevaux au nombre de 52,000, et dont la réputation de vitesse était si grande, qu'on disait qu'ils étaient *pourvus d'ailes*.

Mahomet, qui visait au merveilleux, parle sans cesse de ce grand monarque, et raconte qu'il faisait exercer *lui-même* ses chevaux à la course, qu'il avait un amour passionné pour ses coursiers et principalement pour les juments, qui étaient regardées par les anciens comme supérieures en vitesse aux chevaux.

Pour démontrer par l'*Ancien Testament* que les premiers peuples savaient très-bien qu'un cheval ne naissait pas *doué de toutes les qualités guerrières* que Job prête au cheval monté ,

Il est bon de citer ce que dit Salomon dans ses Maximes :

« *On prépare un cheval pour le jour du combat;* mais « c'est au Seigneur qu'il appartient de donner la vic« toire. » Si donc on le prépare pour le jour du combat, il n'y était pas préparé.

Le prophète Habacuc, quelque temps avant la captivité de Babylone, menaçant les Babyloniens de la colère du Très-Haut, fait parler ainsi le Seigneur :

« Je vais susciter les Chaldéens, nation cruelle, qui « porte partout avec soi l'horreur et l'effroi. *Ses chevaux* « *sont plus légers que les léopards et plus vifs que les* « *loups qui courent à l'entrée de la nuit ; ses cavaliers* « *voleront vers vous comme un aigle qui fond sur sa* « *proie.* »

Habacuc ne parle ici que de la vitesse des chevaux et non de leur courage.

Et enfin, citons cette phrase du livre de Jésus, fils de Sirach, 200 ans avant J.-C.: « *Un cheval indompté de-* « *vient intraitable,* et l'enfant abandonné à sa volonté « devient insolent. »

Selon Salomon, il fallait donc instruire le cheval pour le *jour du combat,* c'est-à-dire pour le jour *du cliquetis des carquois, des lances et des boucliers, etc.;* et sans dressage, il était tout simplement *intraitable,* c'est-à-dire impossible.

On voit que M. le colonel baron d'Azémar peut se convaincre facilement ; et nous ne citons qu'une faible partie des passages des anciens patriarches, *que l'opinion générale des anciens peuples n'avait pas définitivement adopté le type du cheval belliqueux.*

II

Homère.—Achille.—Virgile. — Pline le Naturaliste. — Æthon. — Le roi Nicomède. — Réponse.

« Homère, dans l'Iliade, continue M. le colonel, faisant « l'énumération de l'armée des Grecs, demande à la Mort « de lui dire quel fut *le plus vaillant*, soit des hommes, « soit des coursiers. »

Nous voyons que le grand poëte établit le décompte des morts et qu'il est embarrassé, au milieu de tous ces héros, victimes de la guerre, de prononcer qui du cheval et de l'homme a mieux fait son devoir.... est-il possible de faire un plus bel éloge de l'habileté du cavalier ?

Tant vaut l'homme, tant vaut la terre, dit un proverbe vulgaire ; on peut dire, avec la même vérité, tant vaut le cavalier, tant vaut le cheval.

« Le prince des poëtes nous dépeint aussi le cheval

« comme un être sensible, en disant que les coursiers « d'Achille pleurèrent à la mort de ce héros.

« Dans l'Énéide de Virgile, Æthon, le cheval de bataille « de Pallas, suit, dépouillé de ses ornements, les restes « mortels de son maître, en humectant ses yeux de grosses « larmes.

« Post bellator equus, positis insignibus, Æthon,
« It lacrymans, guttisque humectat grandibus ora.

« On nous dira peut-être, s'écrie le colonel, que ce sont « là des témoignages purement poétiques et par consé- « quent frivoles; mais Pline le Naturaliste dit aussi que « les chevaux pleurent quelquefois la mort de leurs maî- « tres : *Amissos lugent dominos lacrymasque interdum* « *desiderio fundunt.*

« Bien plus, ajoute M. le baron d'Azémar, cet auteur « assure que le roi Nicomède ayant été tué, son cheval « se laissa mourir, faute de manger : *Interfecto Nicomedo* « *rege, equus ejus inedià vitam finivit.* »

M. le colonel d'Azémar a réuni dans un faisceau quelques citations qui doivent prouver, selon lui, que les anciens se faisaient du cheval une idée supérieure à la réalité. Il oublie que les auteurs qu'il cite n'ont jamais passé pour historiens véridiques ; Pline, surtout, était le plus grand conteur de son époque; ramassant sur sa route toutes les nouvelles sans aucun examen, il courait après les histoires partout où il allait. Qu'on lise attentivement ce passage :

« (IXX, Nisard) : On répute stupides les animaux qui « ont le cœur dur, audacieux ceux qui l'ont petit, ti-

« mides ceux qui l'ont très-gros. Il est, proportion
« gardée, le plus gros chez le rat, le lièvre, l'âne, le cerf,
« la panthère, la belette, l'hyène et tous les animaux
« timides ou malfaisants par crainte.

« Dans la Paphlagonie, les perdrix ont deux cœurs. On
« trouve quelquefois des os dans le cœur des chevaux et
« des bœufs ; on prétend qu'il croît chaque année dans
« l'homme et qu'il augmente du poids de 2 drachmes, jus-
« qu'à cinquante ans ; qu'à partir de cet âge il décroît dans
« la même progression, et que, pour cette raison, l'homme
« ne vit pas au delà de cent ans, le cœur venant à man-
« quer : c'est l'opinion des Égyptiens, dont l'usage est de
« conserver les corps embaumés. On dit que certains hom-
« mes naissent avec un cœur velu, et que chez aucun le
« courage n'est aussi industrieux ; tel fut Aristomène de
« Messène, qui tua trois cents Lacédémoniens. »

« Cet Aristomène fut pris par les Lacédémoniens, qui
« lui ouvrirent la poitrine tout vivant, et lui trouvèrent le
« cœur hérissé de poils. » Une simple lecture suffit donc pour se convaincre que Pline acceptait indistinctement ce qu'il entendait raconter. Au reste, pour couper court à toute contestation, citons une autorité devant laquelle se pliera, nous n'en doutons pas, l'opinion la plus rebelle.

« Pline, dit M. Cuvier, n'a point été un observa-
« teur tel qu'Aristote, encore moins un homme de génie
« capable, comme ce grand philosophe, de saisir les lois
« et les rapports d'après lesquels la nature a coordonné ses
« productions ; *il n'est en général* qu'UN COMPILATEUR qui,
« n'ayant pas par lui-même d'idées des choses sur les-
« quelles il rassemble les témoignages des autres, n'a pu

« apprécier la vérité de ces témoignages, ni même com-
« prendre ce qu'ils avaient voulu dire, etc.

Que d'auteurs zélés autant que Pline sont loin d'avoir le mérite de cet écrivain, dont les ouvrages forment une sorte d'encyclopédie et dont le style est un des plus estimés des auteurs romains !

Un écrivain sérieux qui veut se rendre utile en présentant une étude consciencieuse du jugement des anciens sur les qualités du cheval, ne doit pas recourir aux poëtes ni à tous ceux qui n'ont étudié cet animal que par ouï-dire. Il doit rechercher dans les écrits des hommes pratiques, tels que Xénophon, Tacite, Jules César, etc., la vérité qu'ils ne nous ont pas déguisée.

Nous allons donc chercher à prouver, puisque M. le colonel prétend le contraire, que le cheval a été regardé, dans tous les temps et à chaque époque, comme un animal fort, vif, doux, et que, privé de ses rapports avec l'homme, il entre dans la catégorie de tous les animaux timides ; mais qu'une fois associé à la vie de l'homme, il participe de la nature de celui-ci, et qu'au fur et à mesure qu'il se familiarise avec lui, il prend une transformation morale étonnante ; il a de nouveaux instincts, car il a une autre existence et une intelligence qui s'est développée et prend de celle de l'homme, qui alors lui donne une apparence de courage, d'initiative, etc., conséquence de l'éducation. Tout cela, il faut se hâter de le dire, n'est qu'éphémère si la cause première est enlevée, mais est durable si elle subsiste, et, dans tous les temps, les écuyers et les hommes de cheval ne se sont jamais fait illusion sur les véritables qualités de ce quadrupède.

III

Aperçu rétrospectif sur la manière d'envisager le cheval par les peuples anciens.

Dès les temps les plus reculés, nous voyons le cheval utilisé par l'homme ; mais, pour s'approprier ce serviteur, que de précautions, que d'études et pour le maître et pour l'élève ! On le monte d'abord, on l'attèle ensuite, on l'emploie à l'agriculture, au roulage, à la guerre, à la chasse, etc. Écoutons ce ravissant récit de l'homme jeune de cœur et d'années et bouillant d'intelligence et de force. Il s'agit de la formation de la cavalerie persane, par Cyrus.

Lorsque ce monarque voulut que les Perses apprissent à monter à cheval, il s'exprima ainsi devant ses officiers :

« Vous serez libres de combattre à pied quand vous le « voudrez, et il n'y a pas d'apparence que les leçons « d'équitation vous fassent oublier les manœuvres de l'in- « fanterie. »

Lorsque Cyrus eut fini de parler, « Seigneur, dit un « nommé Chrysante, je brûle d'apprendre à monter à « cheval ; je me figure que, devenu bon cavalier, je serai « *un homme ailé.* Maintenant, quand je cours contre un « homme but à but, je m'estime heureux si je le précède « seulement de la tête ; je suis content si, voyant un ani- « mal fuir devant moi, je parviens en courant à l'appro- « cher assez pour l'atteindre d'un javelot ou d'une flèche « avant qu'il soit éloigné. Quand je serai homme de che- « val, je pourrai porter la mort à un ennemi à quelque « distance que je l'aperçoive, etc., etc. ; *en devenant cava-* « *lier, je me servirai de mon âme pour prévoir, de mes* « *mains pour porter des armes, de la vitesse du cheval* « *pour courir, de sa force pour renverser ce qui me* « *résistera.* »

Comme la part de chacun est bien faite dans cette réponse sans réplique !

Ainsi, *à l'homme* l'intelligence qui guide et le bras qui frappe l'ennemi ; *au cheval*, la vitesse et la force d'impulsion augmentées du poids de l'animal.

Tel était le langage d'un jeune Perse à cette époque primitive, lors de la formation de la cavalerie persane ; et les hommes de cette époque penseraient que ceux qui commandaient à cette rude jeunesse, un Cyrus, par exemple, ne connaissaient pas à fond le cheval au physique et au moral ?... personne n'osera l'avancer. Voyons maintenant le point où en était alors l'équitation chez les peuples civilisés; puis nous redescendrons peu à peu au XVe siècle, où le colonel baron d'Azémar nous ramène subitement après ses citations latines.

Si nous voulons prendre les auteurs cités par M. d'Azémar, il nous sera très-facile de lui prouver qu'à côté des magnifiques chants d'Homère, à la louange du cheval, se trouvent des descriptions non moins remarquables des exercices inventés par les sportsmen et les écuyers du sport mythologique, exercices sur lesquels est entièrement calqué notre sport moderne.

Nous renvoyons donc nos lecteurs à l'analyse que nous avons faite, en 1855 (*Guide de l'ami du cheval*), des courses chantées par Homère; contentons-nous de citer une partie des conseils donnés par Nestor à Antiloque, son fils : « On t'a vu, plus d'une fois, voler avec dextérité « autour de la borne; mais *tes chevaux appesantis ne « soutiennent plus une longue course, et c'est ce qui me « remplit de crainte;* tes rivaux, sans avoir plus d'habi- « leté, gouvernent *des coursiers plus agiles.* Mais, mon « fils, si tu ne veux pas que le prix t'échappe, *aie recours « à toute ton adresse.* »

« L'art est plus utile au charpentier que la force ; c'est « par le secours de l'art qu'un pilote dirige sur la sombre « mer un léger vaisseau battu des vents. *L'art peut de « même, ici, suppléer à la vitesse. Celui qui se repose « trop sur la bonté de ses chevaux court en imprudent « dans la vaste carrière, s'abandonne à leurs écarts « plutôt que de les contenir; mais celui qui écoute l'ex- « périence, conduisît-il de moindres coursiers, l'œil fixé*

« *sur la borne, habile à la côtoyer, saisit l'instant où* « *il faut retenir les rênes, et, maître de tous ses mou*- « *vements, observe le rival dont il est précédé*, etc. »

Ce passage prouve que, du temps d'Homère, *l'art* n'était pas étranger au dressage du cheval, qu'on avait des règles que les sportsmen d'alors connaissaient parfaitement.

Du temps des Grecs nous voyons des hommes de cheval distingués dans les lettres et dans la philosophie principalement. Pythagore, Empédocle, étaient de hardis cavaliers ; ils allaient aux manéges qui n'étaient pas couverts, mais entourés de murs, et le terrain ainsi circonscrit était sablé avec soin.

Avant d'oser lutter dans le stade d'Olympie, où l'on passait devant un autel où se trouvait la statue du génie Taraxippe, placée de telle sorte que les rayons solaires frappaient directement sur des plaques disposées à l'effet de refléter la lumière, les chevaux étaient obligés de passer sur l'ombre du formidable génie et de traverser les jets de feu partant des plaques qui entouraient le piédestal de la statue.

Les anciens semblaient indiquer, par ces épreuves, que tout cavalier ne devait arriver en lutte qu'après avoir exercé suffisamment :

1° L'organe de la force (les muscles) éprouvé par la vigueur et la vitesse de la lutte elle-même ;

2° Celui de la vision par la lumière resplendissante de l'autel ;

3° Celui de l'audition par les clameurs de la foule assemblée.

Tout dénotait donc, dans cet exercice, les idées guerrières de l'époque et *le soin que les chefs voulaient que l'on apportât dans le dressage du cheval de guerre.* Mais comment dressait-on les chevaux à cette époque? Nous renverrons le colonel au traité de Xénophon, d'une remarquable clarté, et qui prouve surabondamment que les cavaliers de cette époque n'avaient pas pris au sérieux, en ce qui concerne le cheval, les brillantes épopées et les chants poétiques des grands poëtes cités par le colonel.

« Personne dans un combat, disait le général Artabase « à son infanterie, n'a jamais péri d'une morsure ou d'un « coup de pied de cheval ; ce sont les hommes qui font le « sort des batailles, nous sommes portés plus solidement « que le cavalier.

« Je comprends, disait Critobule, le cheval pour l'agri- « culteur, pour le chasseur ; mais je ne puis le com- « prendre dans une bataille : 10,000 cavaliers ne sont « que 10,000 hommes. Suspendu sur sa monture, « l'homme a non-seulement *la frayeur de nos coups,* « *mais encore l'inquiétude de tomber.* Nous, appuyés « sur un sol ferme, nous frappons plus fortement ceux « qui nous approchent, nous atteignons avec plus de « certitude le but où nous visons. *Le cavalier n'a sur* « *nous qu'un avantage, c'est de fuir avec plus de sûreté.* »

Maintenant, si nous voulons expliquer les magnifiques descriptions de l'*Énéide*, nous dirons que Virgile avait deux langages : celui qu'il empruntait à la Fable, et alors son imagination féconde laissait tomber ces magnifiques descriptions qui faisaient loi parmi les rhéteurs et peu d'effet parmi les généraux. Il avait un second langage plus vrai, lorsqu'il veut donner des leçons aux éleveurs.

Oh! alors il parle comme un homme qui connaît le cheval.

Les Romains poussèrent le goût de l'équitation très-loin ; on voit, en lisant les anciens auteurs latins, qu'ils se livraient avec ardeur à ce genre d'exercice, et nous retrouvons dans les termes qu'ils employaient dans leurs jeux équestres les éléments qui servirent de base aux premiers airs de manége.

Parmi les écrivains de cette époque, Virgile fut non-seulement le plus remarquable comme poëte; mais, comme hippologue, il fut un des plus distingués; la plus belle époque de l'équitation des Romains date des Césars.

Plutarque et Virgile voulaient qu'un peuple fût instruit dans l'art de l'équitation, qui avait, comme aujourd'hui, pour but de dresser le cheval et de l'accoutumer au bruit des armes; en un mot, d'en faire un cheval *brave*. Les *équisones* étaient les écuyers d'alors.

Ces citations prouvent surabondamment qu'en aucun temps l'opinion d'Homère et des poëtes n'a fait loi parmi les guerriers fantassins ou cavaliers des anciens temps ni même de ceux les plus reculés.

IV

Buffon.—Croyance populaire.—Réponse.

M. le baron d'Azémar nous apprend que M. de Buffon. « *renchérissant sur ses prédécesseurs*, donne en termes « fleuris dans son Histoire naturelle, cette belle tirade « devenue classique » et que, bien entendu, il critique :

« La plus belle conquète que l'homme ait jamais faite est celle de ce fier et fougueux animal, etc., etc. Aussi intrépide que son maître, le cheval voit le péril et l'affronte, » etc., etc.; et il la fait suivre des observations suivantes :

« Il nous en coûte, dit-il, à nous, officiers de cavalerie,

« de *dépoétiser* le cheval, que nous aimons, que nous « considérons comme un des éléments les plus essen- « tiels à la guerre ; il nous en coûte de le dire pro- « saïquement, mais la vérité nous oblige à avouer que « le cheval est l'animal *le plus peureux* qu'il y ait sur la « terre. »

Comment alors M. le baron d'Azémar en fait-il à la page 3 « *le plus beau comme le plus vaillant esclave de l'homme,* » ce qui le classe pour le courage au-dessus de l'âne, du mulet, du bœuf, du chien, du chameau, du buffle, de l'élan, de l'éléphant, etc., etc.? et, comme conséquence, ce qui ne le fait pas *l'animal le plus peureux qu'il y ait sur la terre*, car tout le monde sait que le chien attaque l'ennemi de son maître et qu'il se bat contre les animaux féroces, que l'éléphant ne craint ni le tigre, ni le lion, etc., etc..

Nous n'eussions jamais pu découvrir de quelle utilité étaient pour les fantassins toutes les citations du colonel, s'il ne se décidait à nous en donner lui-même la clef.

« C'est un aveu que nous devons faire franchement à « notre brave infanterie qui, sans se préoccuper peut-être « des peintures de fantaisie qui ont été écrites, *se figure « néanmoins* que le cheval est brave, courageux, intré- « pide, qu'il marche, comme son maître, hardiment au « combat.

« Nous devons détruire dans l'armée *cette croyance po- « pulaire,* car le cheval est l'adversaire du soldat d'in- « fanterie. Il faut donc que le fantassin sache au juste à « quel ennemi il a affaire. »

Et c'est *dix-huit cent soixante et un ans* après Jésus-Christ que le colonel croit devoir apprendre à la première infanterie du monde qu'elle n'a rien à craindre du cheval, qu'il est le plus peureux des animaux; tandis que *bien avant la naissance du Messie* chaque militaire était initié à toutes les qualités du cheval.

Une simple observation nous paraît utile avant de continuer l'analyse de ce chapitre. — Quel est le soldat en France, en Europe même, qui n'ait appris par l'expérience qu'avec la plus mince des badines il peut faire fuir le plus brave de tous les chevaux? c'est donc avec étonnement que nous voyons un colonel de cavalerie présenter à l'examen d'un public sérieux et éclairé de semblables propositions, dignes entièrement de la *Comédie à cheval*, ouvrage essentiellement spirituel, mordant et satirique; et nous nous apercevons que l'auteur, en voulant dépoétiser le cheval, tend, sans s'en douter, nous en sommes très-convaincu, à déconsidérer le soldat français, à en faire un être privé de toute espèce d'observation et d'esprit pratique.

Le chien du hameau, l'oiseau de la basse-cour, le chat de la ferme, etc., etc., apprennent par l'expérience à se familiariser avec les objets ou les personnes qui entrent journellement en relation avec eux; en un mot, à les connaître et à les apprécier; et ce que dit le colonel conduirait à faire croire que le jeune paysan et le jeune ouvrier des villes, en arrivant au régiment, sont moins avancés que les animaux qu'ils ont soignés pendant leur enfance, qu'ils ont vus dans les villes et les campagnes, et qu'ils retrouvent à la garnison.

V

Peur du cheval. — Réponse.

« Voyez *ce cheval monté*, marchant paisiblement sur « une belle route ; une feuille d'arbre se détache et roule « à ses pieds, emportée par le vent; à cet aspect, il dresse « l'oreille, ouvre des yeux effarés, enfle bruyamment ses « naseaux et fait un écart *qui compromet l'assiette du* « *cavalier...* »

Si nos chevaux de troupe sont aussi susceptibles, s'ils sont impressionnables à ce point, le colonel ne devrait-il pas faire l'éloge du cavalier français plutôt que de chercher à le montrer maladroit et ignorant? car nous sommes bien convaincu d'avance qu'on ne trouvera pas en France un cavalier militaire dont l'assiette sera compromise par les écarts d'un cheval effrayé par l'aspect d'une feuille d'arbre, se détachant et roulant à ses pieds, emportée par le vent, etc., etc.

Poursuivons : « Au moindre obstacle, le cheval fait « demi-tour ou se cabre, refuse de sauter le plus petit « fossé, la haie ou la barrière la moins élevée, alors que, « par son organisation puissante, il peut franchir des ob- « stacles dix fois plus difficiles ; mais il n'ose, *il a peur*, « de quoi ? *il n'en sait rien*, ni *nous* non plus. »

M. le colonel est-il bien certain de ces deux allégations ? *il n'en sait rien*, ni *nous non plus.*

Vous dites, colonel, qu'il ne sait pas pourquoi il refuse de sauter ; mais, selon nous, il est certain qu'il le sait complétement.

D'abord, il a un poids à porter, composé d'un harnachement militaire et d'un cavalier.

Or, le cheval refusera toujours de sauter si l'obstacle est trop considérable pour ses forces, ou tout au moins il hésitera.

Il refusera de sauter s'il est faible du devant, car en retombant il peut manquer des membres antérieurs ; il refusera de sauter s'il est faible des jarrets, des boulets, des reins, etc., etc., s'il a la vue mauvaise, etc., etc,, etc.

Et on dira qu'il ne sait pas pourquoi il refuse ni pourquoi il a peur ! !

Mais il a peur tout simplement de se faire du mal ; il sait très-bien qu'il se fera du mal.

Maintenant, si on le présente à un obstacle dont il ne peut mesurer l'étendue, il hésitera encore. Ajoutez à ces considérations que le cheval calcule ses forces également d'après le sol qui le soutient. Ainsi, sur un terrain mouvant, il hésitera ; sur un terrain rocailleux aussi, etc., etc.

Maintenant, de quelle peur veut parler le colonel? est-ce de la vue d'un objet quelconque ?

Chaque fois qu'un cheval aperçoit un objet qu'il ne connaît pas, chaque fois qu'il entend un son qu'il n'a jamais entendu, chaque fois qu'il est touché par un corps qu'il n'a pas ou qu'il a trop l'habitude de sentir, il entre en défiance et il étudie l'objet, le son, le corps qui le touche, et il reste dans son travail d'examen tant qu'il le voit, qu'il l'entend, qu'il en est touché. Si chacune de ces nouvelles connaissances est de nature à l'effrayer, l'impression est plus durable ; et, quelque fondée qu'elle soit, elle s'efface peu à peu, mais qu'on ne pense pas que ce soit pour toujours ; le cheval n'y pense plus ; mais que la vue, l'ouïe, le toucher se retrouvent en rapport avec les mêmes objets, aussitôt la mémoire les retrace au cerveau de l'animal. Il ne faut donc pas s'étonner si le cheval est souvent effrayé de très-peu de chose, cela tient principalement *à ce que* lui rappelle cette chose *et ce qui* lui est arrivé au moment où il la voyait ; aussi est-il imprudent de corriger tout d'abord un cheval qui a peur ; il faut chercher à lui faire raisonner ce qu'il voit ; un moment de patience chez le cavalier est un bienfait pour l'animal et un progrès chez les deux.

Il ne faut donc pas s'étonner si un cheval monté refuse de sauter un obstacle, il a ses raisons pour cela, et, bien que nous soyons d'avis de *percer quand même* dès qu'il est impérieux de prendre du terrain, franchissant, sans hésitation, les obstacles qu'on rencontre, il n'en est pas moins vrai que le cheval qui ne connaît pas les raisons du cavalier, hésite par les lois de l'instinct de conservation que tout soldat exercé doit savoir faire taire au besoin.

Le cheval libre dans les champs, dans la prairie, saute dès qu'il en sent la nécessité; *monté*, il ne s'appartient plus, et pour qu'il saute, il faut qu'on le lui demande d'une manière normale.

Si le cavalier est maladroit, il ne sautera pas ou il le fera gêné et sans sécurité.

Quant à la seconde question, *ni nous non plus*, nous dirons, sans hésiter, que le nombre des officiers qui se rendent compte des causes qui empêchent un cheval de livrer ses forces est encore très-considérable, et nous sommes convaincu que si, dans un régiment, on laissait les cavaliers plus à eux-mêmes, leur énergie triompherait souvent des difficultés que le cheval peut présenter et qu'une mauvaise instruction multiplie toujours.

Est-ce qu'un officier doit ignorer que le cheval qui a peur réglera sa course sur la nature du bruit, de l'aspect, du toucher, et que si son cerveau ne peut analyser les causes de sa frayeur, le cheval fait ce que tout homme raisonnable ferait à sa place..... il évite..... quoi donc? L'INCONNU.....

VI

Le mouchoir du fantassin. — Réponse.

M. le colonel baron d'Azémar tire de tout ce que nous avons cité de son troisième volume la déduction suivante :

« Que les chevaux *agissant en masse* sont très-redou-
« tables, que rien ne les arrête une fois lancés, si les ca-
« valiers sont déterminés à les pousser en avant... Mais
« que le cheval *isolé* agissant loin des escadrons est *le*
« *plus grand poltron* de tous les animaux ; il est parfois
« aussi craintif qu'un *lièvre* ou qu'un *lapin*, et l'homme
« à pied n'a rien à en redouter.

« Nous dirons donc maintenant au fantassin : redoutez

« les chevaux lancés en masse, car ils enfonceront le plus « souvent un bataillon carré, qui n'a plus de cartouches, « malgré ses baïonnettes et la valeur des soldats ; mais ne « craignez pas un cheval qui viendra à vous isolément. Il « y a *cent* à parier contre *un* que vous le ferez *fuir*, rien « qu'en agitant votre mouchoir devant lui. »

Tous les militaires savent qu'une charge de cavalerie est toujours redoutable à l'infanterie ; que les chevaux en masse sont entraînés forcément, et que le cheval isolé n'est à craindre qu'autant que son cavalier est bon et courageux.

Les remarques du colonel, on nous permettra de le dire, ne sont pas faites pour attirer des adeptes à ses principes équestres. On concevrait qu'un cheval pris au hasard dans une prairie eût peur d'un mouchoir agité par un homme à pied. Mais un cheval monté à la manœuvre ou au combat, c'est-à-dire un cheval dressé aurait peur d'un mouchoir agité par un fantassin ! jamais cette pensée n'entrera dans la tête d'un Français et surtout d'un militaire.

Les chevaux de troupe ne seraient donc pas exercés dans les régiments, et les cavaliers n'auraient ni solidité, ni décision.

Malgré toute l'autorité que nous nous plaisons à reconnaître au colonel du 6e régiment de lanciers, jamais on ne croira qu'un fantassin fera fuir un cavalier en agitant un mouchoir devant la tête de son coursier.

Le cheval, fût-il le plus peureux des animaux, appartient, une fois monté, au cavalier, qui en dispose alors entièrement ; et lorsque le cheval est sur le terrain de l'honneur, *s'il fuit*, ce n'est plus lui qui fuit, mais celui qui le monte.

Et c'est après trente années d'application de la théorie militaire qu'un colonel de cavalerie vient dire aux fantassins, en parlant du cheval de guerre : « Le cheval est « aussi timide que le lièvre ou le lapin. Il y a cent à « parier contre un que vous le ferez fuir, rien qu'en agi- « tant votre mouchoir devant lui ! » C'est prouver évidemment qu'on ne connaît ni l'organisation physique et morale de l'homme ni celle du cheval. Il est donc superflu de vouloir faire admettre que le colonel puisse défendre avec raison une théorie militaire qui donne, *suivant lui*, à la cavalerie française, des chevaux si mal dressés et des cavaliers si mauvais.

« Pour devenir bon cavalier, dit le colonel à la page 14, « on passe généralement par trois périodes :

« Dans la première, on monte à cheval sans principes, « et le plus souvent sans appréhension. On conduit son « cheval d'instinct, et ceux qui ont de la hardiesse, de « l'énergie, montent, comme on dit, en *casse-cou* et soli- « dement.

« Dans la deuxième période, ces élèves en apprennent « juste assez dans les manéges pour connaître les diffi- « cultés de la science équestre, mais pas assez pour être « à même de les vaincre.

« Ils n'ont acquis que des demi-connaissances plus nui- « sibles peut-être que l'entière ignorance des casse-cou, « car, nous l'avons dit ailleurs, il n'y a rien de pire que « les demi-savants.

« On parvient à la troisième période lorsque l'on a

« persisté dans l'étude théorique et pratique du cheval, « quand on l'a beaucoup monté et que l'on a confiance en « soi-même. On a appris à corriger ses défauts et à do- « miner ses résistances.

« Peu d'officiers d'infanterie ont pu parvenir jusqu'à « présent à cette troisième période ; la plupart sont restés « dans la deuxième, où *l'on trouverait plus d'officiers, « sous-officiers et de soldats de cavalerie qu'on ne le « pense.* »

Nous ne voulons pas nous étendre sur l'opinion du colonel, nous aurions trop de choses à dire... Mais nous ne comprenons pas comment il se fait qu'il puisse y avoir, comme il le signale, si peu d'officiers, de sous-officiers et de soldats de toute arme, dans la troisième catégorie équestre, puisque tout militaire est entièrement soumis à des chefs expérimentés qui peuvent surveiller leur instruction, et nous sommes fondé à dire, si son reproche est juste, que cela ne peut venir que d'un enseignement qui serait alors défectueux.

Ceux que M. le baron d'Azémar classe dans la première période, sous la dénomination de casse-cou, ne sont pas devenus cavaliers sans avoir reçu de leçons, et nous ajouterons d'excellentes. Ils ont d'abord été mis à cheval par un père, ancien militaire, ou un oncle, ou bien encore un cocher, groom, etc., etc., et nous voulons dire par là qu'ils ont souvent reçu d'excellentes leçons pratiques de maîtres qui ont reçu eux-mêmes des leçons dans des manéges civils ou militaires ou dans des écoles de dressage, et on aurait la prétention de considérer ces cavaliers comme des improvisateurs équestres ! non, cent fois non !

Avant d'entrer à l'école de Versailles, je pouvais suivre une chasse, sauter un fossé, partir, arrêter, reculer à cheval, et aucun écuyer ne m'avait donné des leçons; mais j'avais eu dans ma famille, parmi tous les miens, des exemples et reçu des conseils qui m'avaient mis en état de monter à cheval. C'est ainsi qu'il en est de la plupart des casse-cou.

Dans la seconde catégorie, M. le baron d'Azémar comprend ceux qui ont appris dans un manége les difficultés de la science équestre, sans s'être rendus capables de les vaincre ; ce sont ceux qu'il appelle et que nous appelons tous des demi-savants et les pires de tous les cavaliers.

Nous sommes complétement de son avis : le travail du manége proprement dit exige une étude longue et pénible, et ce n'est pas en quelques leçons qu'on peut rendre un jeune homme excellent cavalier, à moins qu'il ne consente à se plier à toutes les rigueurs de la discipline la plus militaire, comme l'ont fait forcément les recrues que nous avons formées en soixante-quinze leçons, eux et leurs chevaux. Mais jamais un jeune homme du monde ne se pliera, en dehors d'une école militaire, aux exigences que nécessite l'étude équestre.

Quant à la troisième période, il est certain que peu d'hommes de cheval ont eu la constance de l'atteindre. C'est pour donner aux cavaliers de la première et de la seconde période le désir d'arriver à entreprendre l'étude de la troisième phase équestre que nous avons présenté notre travail de la centaurisation, dont le succès a dépassé toutes nos prévisions.

Nous sommes persuadé que le colonel lui-même, dont

nous constatons les heureuses dispositions équestres, pourrait se glorifier aujourd'hui de faire partie de la troisième catégorie, si, aux connaissances qu'il a, il eût pu joindre celle des agents de conduite et de solidité du cavalier, étude qu'il ne me paraît pas avoir faite, s'il m'est permis d'en juger par les conseils qu'il donne aux fantassins et aux cavaliers..... Il saurait que le cheval d'un cavalier, lié par ses agents de solidité et maître de ses agents de conduite, court sur les mouchoirs agités et au milieu des feuilles emportées par les plus sombres autans, et qu'il ne se rencontre jamais avec lui de chevaux qui refusent de franchir des obstacles.

VII

Buffon.

Nous allons donner la description du cheval par Buffon, et nous chercherons à démontrer que si parfois ce maître s'est laissé emporter par les traits de sa brillante imagination, il est resté, dans le passage incriminé, aussi vrai et aussi lucide qu'il était possible de l'être, en parlant d'un animal sur lequel l'homme établit sa puissance, créant avec lui un commerce intime, un échange de pensées, de sentiment même et le faisant participer de son intelligence.

« La plus noble conquête que l'homme ait jamais faite
« est celle de ce fier et fougueux animal qui partage avec
« lui les fatigues de la guerre et la gloire des combats.....

« Aussi intrépide que son maître, le cheval voit le péril et « l'affronte : il se fait au bruit des armes, il l'aime, il le « cherche et s'anime de la même ardeur. Il partage aussi « ses plaisirs ; à la chasse, aux tournois, à la course, il « brille, il étincelle, mais, docile autant que courageux, ne « se laisse point emporter à son feu ; il sait réprimer ses « mouvements ; non-seulement il fléchit sous la main qui « le guide, mais il semble consulter ses désirs. »

Ainsi, selon Buffon, *il voit le danger et l'affronte.....* M. le baron d'Azémar croit-il que l'auteur de ces paroles s'imagine que le cheval pense affronter *la mort*, et que, le pensant, il l'affronte ? Nous le supposons d'autant moins que si M. le baron d'Azémar a lu attentivement M. de Buffon, il sait que ce naturaliste refuse aux animaux *la faculté de comparer des sensations ou d'avoir des idées.* « Ils ont des « sensations, mais il leur manque, dit-il, la faculté de les « comparer, c'est-à-dire la puissance qui produit les idées; « car les idées ne sont que des sensations comparées, ou, « pour mieux dire, des associations de sensations (1). »

Le cheval voit le danger et il l'affronte, par conséquent, sans avoir le mérite de savoir qu'il peut être tué, mais il l'affronte..... pourquoi.....? Buffon l'a dit dans la phrase qui succède : « *Il se fait au bruit des armes.* »

Il n'y était donc pas fait ; mais ce qui va suivre, et que le colonel n'a pas jugé à propos de donner, confirme encore plus ce que nous avançons.

---

(1) *Discours sur la nature des animaux*, tome IV, page 41.

« Obéissant toujours aux impressions qu'il en reçoit, « il se précipite, se modère ou s'arrête et n'agit que pour « y satisfaire ; c'est une créature qui renonce à son être « pour n'exister que par la volonté d'un autre ; qui sait « même la prévenir ; qui, par la promptitude et la préci- « sion de ses mouvements, l'exprime et l'exécute; *qui sent « autant qu'on le désire et ne rend qu'autant qu'on veut ;* « qui, se livrant sans réserve, *ne se refuse à rien*, sert de « toutes ses forces, s'excède et même meurt pour mieux « obéir. » Il faut avoir bonne envie de critiquer pour trouver à redire à d'aussi belles pensées, dont la justesse répond à la beauté du style. « *Obéissant aux impressions « qu'il reçoit du cavalier.* » Il est donc indispensable de lui en faire sentir, ce qui veut dire qu'il faut savoir soi-même ce qu'on lui demande. « *Il sent autant qu'on le désire, « et ne rend qu'autant qu'on veut, etc. — Il ne se refuse à « rien, etc., etc.*, ce qui signifie, demandez-moi ce que vous voulez, mais ne me demandez pas une chose pour une autre, car je ne vous rendrai que d'après ce que vous m'aurez exprimé..... sachez donc ce que vous voulez de moi, et apprenez par des maîtres habiles la manière de vous faire comprendre de mon cerveau. Voilà ce que nous trouvons dans Buffon... Écoutons la preuve de notre assertion..... « Voilà, dit-il, le cheval dont les talents sont dé- « veloppés, dont l'art a perfectionné les qualités naturelles, « qui, dès le premier âge, *a été soigné et ensuite exercé, « dressé au service de l'homme ;* c'est par la perte de sa li- « berté que commence son éducation, et c'est par la con- « trainte qu'elle s'achève. »

C'est donc par suite de l'éducation et du dressage qu'il

reçoit que le cheval acquiert toutes les qualités que lui donne l'immortel Buffon, et n'est-ce que monté qu'il lui accorde le courage et l'obéissance passive ?

C'est sans doute en voyant travailler les colonels du XVIIIe siècle que Buffon a écrit sa description du cheval, et certes, il a pu juger du talent de grands maîtres, car il était contemporain des Laguérinière, Dupaty de Clam, Bourgelat, d'Auvergne, etc., etc., puisqu'il est né en 1707, et qu'il n'est mort qu'au commencement de 1789.

« C'est principalement dans son *Histoire des quadru-* « *pèdes* que Buffon s'est montré grand naturaliste et grand « écrivain, dit M. Boistard. Lorsque Jean-Jacques Rous- « seau, à Montbard, se prosternait devant sa porte pour « en baiser le sol, c'était particulièrement à l'auteur de « l'histoire du chien, du *cheval*, du lion, du chat, etc., « qu'il rendait hommage et non au spirituel rêveur de la « théorie de la terre. »

La jeunesse de M. de Buffon fut très-orageuse ; il maniait l'épée aussi bien que la plume ; à Angers, par exemple, dit l'auteur précité, il eut au jeu, avec un Anglais, une querelle qu'il termina par un duel, dans lequel l'Anglais reçut un coup d'épée.

Ce fut le hasard qui lança Buffon dans l'étude des sciences naturelles ; ayant rencontré le précepteur du duc de Kingston, gentilhomme anglais, il se lia avec ces deux hommes, dont le premier était un naturaliste du plus grand mérite, et ce fut à partir de cette époque qu'il commença à travailler jusqu'à l'âge de 81 ans, *quatorze et quinze heures par jour*.

Nous ne savons véritablement pas comment expliquer

l'antipathie de M. le colonel pour M. le comte de Buffon ; non-seulement il tourne en ridicule ses écrits, mais il le poursuit jusque dans son cabinet de travail.

M. de Buffon, dit-il, a probablement décrit le cheval dans *son élégant cabinet,* sans prendre la peine d'aller l'étudier même à l'écurie, de peur de salir *ses manchettes de dentelles.*

M. Albert Clerc l'avait dit avant M. le colonel : « Supposez un *amateur candide* et inexpérimenté, se fiant à ces assurances descriptives du *savant en manchettes,* page 2, *Comédie à cheval.* »

S'il y a quelquefois matière à la critique dans les ouvrages de Buffon, qui attribuait, à tort, les actes des animaux à un pur mécanisme, ce n'est pas dans les phrases citées par M. le baron d'Azémar, qu'il est possible de l'attaquer.

VIII

La Comédie à cheval. — Les écuyers anciens. — Défauts et qualités du cheval. — Réponse de M. de Labroue.

L'écrivain qui a fourni le plus de citations équestres à M. le baron d'Azémar, c'est, sans contredit, l'auteur de la *Comédie à cheval*, parue en 1843.

M. Albert Clerc y fait un tableau piquant de toutes les qualités que le cheval, d'après les fictions poétiques, passait pour posséder dans les temps anciens et modernes ; il crée alors plusieurs types amusants : *le cheval vaillant et belliqueux par tempérament, le cheval grognard, sentimental, coryphée de dévouement, le cheval dilettante;* puis il prend à partie Job, Homère, Virgile, etc., etc., sans oublier M. de Buffon, dont il admire le style et prise fort peu les manchettes de dentelles.

Le spirituel rédacteur du *Charivari*, dans son intéressant ouvrage, s'amuse beaucoup (c'était sa partie) aux dépens des poëtes grecs, latins, français, anciens et modernes, qui ont chanté les qualités guerrières du cheval, et on retrouve dans ses ouvrages les mêmes remarques, les mêmes observations, les mêmes phrases sur Job, sur Buffon et sur d'autres, que nous retrouvons vingt ans après dans *l'Avenir de la cavalerie*. Il semble que les deux auteurs se soient donné le mot pour dire absolument la même chose à des époques différentes. Laissons de côté ce qui est trop ancien, et ne prenons qu'un exemple relatif aux écrits de M. de Buffon.

« Docile autant que courageux, le cheval ne se laisse « pas emporter à son feu, etc., etc. »

« *Voyez-vous*, s'écrie M. Albert Clerc, *notre amateur* « *qui se met tranquillement en selle, persuadé, sur la foi* « *de M. de Buffon, qu'il n'a rien à redouter*, etc.; *cet* « *amateur candide se fiant*, etc., etc., » p. 2 et 3, et *ceux qui sur la foi de M. de Buffon*, répète M. d'Azémar, *croiraient que le cheval*... « docile autant que courageux, ne se « laisse point emporter. *Ces candides cavaliers se tromperaient gravement*, etc., etc.» Tout est comme cela; voir la *Comédie à cheval*, chez Bourdin, éditeur. Nous pourrions donc nous contenter de renvoyer, pour la plupart de nos réponses à faire, à l'auteur de *l'Avenir de la cavalerie*, en ce qui concerne les questions équestres, à notre *Vérité à cheval*, parue également en 1843, et à notre *Guide de l'ami du cheval*, ouvrages contenant nos observations critiques sur la plupart de ces questions si souvent rebattues ; mais nous aimons mieux ajouter aux vérités que nous disions alors, d'autres palpables vérités, car la routine a beau faire, elle marche vers sa décadence, et quel que soit le costume qu'elle emprunte, de docteur, de rhéteur ou de militaire, elle se laissera toujours reconnaître par les amis sincères du progrès.

Nous tenons à ce que l'exergue que le colonel a mis sur la première page de son troisième volume, comme une espèce d'amende honorable à la vieille et à la jeune école, *respect au passé, justice au présent, place à l'avenir*, ne soit pas de vains mots sonores.

Oui, respect au passé, c'est-à-dire *au véritable mérite*, et à celui-là *respect*, *considération* et *admiration*, et non pas cet hommage que l'on rend aux siècles poudreux en voulant faire passer ceux qui les ont illustrés pour des hommes sans jugement et sans aucune portée dans les idées. Nous pensons qu'il y a eu temps d'arrêt dans beaucoup de choses, et notamment en équitation, et que les modernes n'ont jamais cherché à lire dans les ouvrages des Labroue, Pluvinel, et que partant de cette vérité que je signale en toute assurance, certains cavaliers modernes sont trop portés à tourner en plaisanterie et à regarder en pitié ce qui, *approfondi*, ouvre carrière aux plus grandes conquêtes de la science équestre, aux plus grands résultats... Cela dit, entrons de suite en matière, et si nous voulons qu'on dise, *justice au présent*, *place à l'avenir*, ayons un véritable respect pour nos anciens maîtres qui étaient loin d'enseigner des *singeries*, n'en déplaise à l'honorable colonel.

M. le baron d'Azémar, après ses observations critiques, passe en revue les différents défauts du cheval... *La timidité*, *la colère*, *la malice*, *les mauvaises habitudes*, etc,, etc., peintures auxquelles il nous est impossible de nous associer, car, au milieu de quelques observations judicieuses puisées dans les meilleurs auteurs, et notamment dans les anciens, M. le colonel ne présente que des phrases sans aucune idée pratique, et sans un sens précis, du genre de celle-ci :

« Mais quand avec ces défauts (la colère, l'impatience,
« la malice, les mauvaises habitudes, etc., etc.), ils sont
« *fiers* et *hardis*, et *qu'on sait bien les prendre*, on en tire
« meilleur parti que de ceux qui sont timides ou pol-
« trons. »

Cette phrase donne la mesure scientifique de l'enseignement équestre de M. le baron d'Azémar, qui nous apprend que, pour tirer parti du cheval, il *faut savoir bien le prendre*. M. de Labroue, si critiqué par cet auteur sur la foi de MM. de Bohan et d'Albert Clerc, n'avait pas de phrases sans substance à donner à ses élèves. Écoutons parler le réformateur de l'équitation française.

Il faut travailler le cheval :

1° Sur ses forces;

2° Sur ses dispositions naturelles;

3° Sur sa mémoire ;

4° Sur les qualités et connaissances qu'on a de soi-même.

Puis il ajoutait : « Le cheval est moins adroit que ner-
« veux, *plus timide que courageux,* plus colère que mal-
« faisant, et d'autant qu'il est plus sensible (impression-
« nable) et vigoureux, il a peu de mémoire. » Pourquoi ?

Parce que le cheval vif et nerveux se troublant et s'inquiétant plus facilement, la mémoire n'a pas le temps de fonctionner.

M. de Labroue veut que les leçons soient *faciles*, *refaites en divers lieux*, *par ordre* et *gradation* suivant *la force de l'animal*, et il adopte pour devise :

Savoir et patience valent mieux que pratique furieuse et mal fondée.

Et pour montrer toute sa science à ceux qui voudraient en douter, nous donnerons ici la manière dont il comprenait l'équilibre du cheval.

« *La plus nécessaire légèreté de la bouche du cheval* « *doit procéder* PREMIÈREMENT *de la légèreté d'iceluy.* »

IX

Critiques du baron d'Azémar sur certains moyens employés par les anciens écuyers. — Réponse.

Après avoir vanté les principes équestres de l'Arabe et engagé ses contemporains à suivre les bons exemples que l'équitation orientale leur donne, M. le baron d'Azémar s'écrie : « Quelle différence entre ces principes que « nous recommandons et ceux qui ont été préconisés par « certains écuyers, même par MM. de Labroue et de Plu- « vinel ! *On a peine à croire* que ces hommes de cheval, « si renommés, aient pu écrire qu'il fallait frapper le « cheval, qui partait à la désespérade, à grands coups de « nerfs de bœuf sur la tête pour l'étourdir, lui jeter son

« manteau sur les yeux, lui mettre les deux molettes dans « les flancs, jusqu'à ce que l'animal, hors d'haleine, tom- « bât de fatigue et d'épuisement, le pousser dans un « précipice pour lui apprendre à s'arrêter par l'effroi du « danger, etc., etc. »

Disons tout d'abord qu'il n'est nullement question de ces moyens de dressage dans les ouvrages de M. de Pluvinel. Ils datent de Frédéric Grison, écuyer de génie, s'il en fut jamais. M. de Labroue en cite quelques-uns, comme étant ou ayant été employés, mais sans pour cela en faire le fond de ses doctrines, car nous ne connaissons pas d'hommes plus sages que MM. de Labroue et de Pluvinel, dans le dressage du cheval de guerre.

L'auteur de l'*Avenir de la cavalerie* tronqne encore la *citation* puisée dans la *Comédie à cheval,* et il oublie de mettre ce qui fait le *sens* et montre l'*utilité* des procédés indiqués. Nous allons rectifier et rétablir les faits tels qu'ils sont dans la réalité, et nous ajouterons, ce qui n'étonnera pas les hommes de l'art, que la plupart de ces moyens de dressage n'ont pas cessé d'exister en équitation, sous des formes plus ou moins déguisées.

Observons d'abord que M. de Labroue et ses prédécesseurs ont toujours fait précéder toute correction et toute leçon *de l'emploi de la voix*, et qu'avant de frapper un cheval, ils l'avertissaient *doucement d'abord*, puis *fortement*, de telle sorte que *la correction, quelque sévère qu'elle fût, était la conséquence de la conduite de l'animal*, qui se punissait lui-même et qui avait ainsi un *intérêt* marqué à obéir à *la voix douce*, puisque la voix *furieuse* était l'avant-coureur, le précurseur d'une punition souvent terrible.

Voici donc ce qui manque à *la citation* de M. le baron d'Azémar, « *corriger et menacer à voix furieuse* un cheval « qui partirait à la désespérade, » et remarquons qu'il y a : *qui partirait*, ce qui prouve que c'était à celui qui en avait contracté l'habitude que ces rudes leçons étaient appliquées, en mettant souvent en danger de mort celui qui avait la hardiesse de les employer.

Au risque de prendre pour nous une partie de la critique adressée aux anciens écuyers, nous ne déguiserons pas ici notre pensée et nous avouerons à nos lecteurs que nous sommes étonné qu'un colonel de cavalerie, écrivain distingué, plus qu'écuyer peut-être, mais homme de détermination, préfère ménager les oreilles et le front de quelques chevaux plutôt que de les corriger des défauts qu'il leur reproche :

1° Au galop, de s'emporter dans les rangs sans pouvoir être arrêtés par leur cavalier ;

2° De fuir devant un mouchoir agité ;

3° De mettre en danger les cavaliers quand une feuille sèche leur vole sur les yeux, etc., etc., et enfin néglige des moyens de rigueur souvent nécessaires avec un cheval dangereux, lorsque ces moyens peuvent sauver la vie du soldat et rendre à l'Etat, *corrigé* et pouvant *s'utiliser*, un animal fort et beau.

Examinons donc comment l'écuyer ancien procédait avec des chevaux dont l'habitude était de s'emporter.

Les uns, avons-nous dit dans notre *Guide de l'ami du cheval*, commençaient leur dressage au pas et suivaient une gradation logique avec un calme et une intelligence remarquables, De ce nombre étaient **MM.** de Labroue et de Pluvinel, qui disait au roi Louis XIII : « *Mon humeur est de chercher toute sorte d'inventions pour m'empêcher de tourmenter les chevaux, tenant pour règle infaillible que tout homme qui ne les sait dresser qu'en leur faisant du mal et par la force est un ignorant,* etc., etc. »

Le premier mettait tant de précaution avec les chevaux, et principalement à tout ce qui touchait à la bouche, qu'il avait inventé des gourmettes en *cuir* et en corde pour remplacer celles en fer et en acier. Il ne s'arrêtait pas là, car c'est encore à lui que l'on doit les éperons sans molettes ou à pointes émoussées. Mais laissons le glorieux praticien et ne disons rien aujourd'hui des flexions d'encolure ni de ses moyens d'assouplissement ; réservons ces questions pour autre part, et passons à d'autres écuyers non moins remarquables, à M. Frédéric Grison, l'un de ses devanciers.

Celui-là était un rude chevalier, un habile écuyer ! Hardi et vigoureux, il attaquait le système nerveux de l'animal en employant souvent la voix dont il variait le son.

Ainsi, pour lui donner courage, il disait : Hep, hep ! et quand il voulait le faire sauter ou ruer, il disait : Hop, hop ! et quand le cheval résistait, il faisait entendre un cri âpre et menaçant ; souvent avec une voix horrible et effrayante : Or sus, or sus ! or là, or là ! ha, ha, traître ! ha, Ribaud ! tourne, tourne ! arrête ! tourne ici ! tourne là ! et autres semblables, suivant ce qu'il demandait. Mais aussi, quand le cheval était vaincu et réduit, il se taisait, et avec un ton doux le *caressait sur l'encolure,* disant à voix basse : *Ho ! ho ! ho ! ho !*

Quel est l'élève de l'école de Versailles qui a oublié le

fameux *que je te voie*, adressé formidablement au cheval par l'écuyer, et suivi d'une grêle de coups de gaule ou de cravache ?

Supposons maintenant qu'un cavalier , ayant du sang-froid et de l'expérience, ait à corriger *un cheval partant à la désespérade*, c'est-à-dire s'emportant.

Que fera-t-il, s'il m'en croit ?

Il exercera son cheval à s'arrêter sur les deux mots *ho, là*, et pour cela il mettra l'animal entre l'alternative d'une opposition de main, suivie de coups de cravache entre les deux oreilles, ou d'une récompense s'il s'arrête sur les mots *ho, là !*

Il est certain qu'il ne faudra pas plus de quelques leçons pour déshabituer à tout jamais le cheval de s'emporter ; et, si le cavalier est un homme patient, il évitera facilement de frapper le cheval fortement, car l'animal ne demande pas mieux que de comprendre, et quand il a saisi l'intention du cavalier, il la retient.

Nous ne prétendons pas nous faire le champion quand même de tous les moyens violents ou absurdes employés dans le dressage par nos anciens maîtres ; il y en avait d'inexplicables, comme il y en a encore de nos jours ; mais nous désirons qu'on ne condamne pas sans examen ce qui sort des ouvrages d'hommes qui nous ont laissé des preuves sans nombre de leur savoir-faire.

M. Albert Clerc et M. le baron d'Azémar continuent ainsi : « Jean Taquet conseille d'arracher quatre dents au « cheval, afin de lui placer avec plus de justesse le mors « dans la bouche. »

Je conçois qu'il est difficile de s'établir le défenseur d'un tel moyen, indiqué, du reste, par un écuyer peu connu.

« Aujourd'hui, Dieu merci, on ne professe plus de sem-
« blables théories, et nous avons d'excellents écuyers, etc. » Oh! Monsieur d'Azémar, que vous faites bien de ne pas lire tout ce que les écuyers modernes écrivent! vous ne seriez pas si certain de ce que vous avancez. Veuillez vous donner la peine de lire le passage suivant, mais permettez-nous de n'en pas citer l'auteur.

« Je suppose un cheval devant tourner à droite, et qui,
« par une raison quelconque de souffrance ou de volonté,
« se dérobe à gauche; généralement l'homme qui le mon-
« tera, pour le faire tourner à droite, ouvrira la rêne
« droite et résistera sur cette rêne tant que le cheval
« n'aura pas cédé; *il arrive alors que par cette action*
« *trop répétée de la rêne droite le cavalier offense la barre*
« *droite de manière à la* ROMPRE ou à lui donner une sensi-
« bilité telle, qu'il ne répondra plus à ce mouvement d'at-
« traction, etc., etc. » La barre est rompue, que faire?

« *Le seul moyen* de porter remède à ce mal, c'est de ré-
« tablir l'ÉQUILIBRE DE LA SENSIBILITÉ dans la bouche du
« cheval, *d'offenser*, s'il est nécessaire, LA BARRE GAU-
« CHE, etc., etc. »

Jean Taquet trouvait commode d'arracher les crochets au cheval pour placer la bride. L'écuyer moderne, pour rétablir *l'équilibre de la sensibilité* chez un cheval dont le cavalier *a rompu une des deux barres*, trouve plus commode d'*offenser l'autre barre*, en un mot, de mettre deux plaies dans la bouche au lieu d'une seule. Auquel des deux donnera-t-on la palme?

X

Singuliers principes d'écuyers modernes. — Réponse.

Après s'être attaqué aux écuyers anciens, M. le colonel s'en prend à des écuyers modernes.

« Il surgit cependant, dit-il, de temps à autre des hom-
« mes de cheval dont les principes sont assez singuliers.
« Ainsi on a vu se produire, il y a quelques années, un
« écuyer fort habile d'ailleurs (M. Baucher), qui, gour-
« mandant l'Écriture sainte elle-même à propos de cette
« maxime : *Il faut employer le fouet avec le cheval, le frein*
« *avec l'âne, la verge avec l'ignorant*, n'employait pas la
« cravache, de peur d'humilier son cheval, mais ne se

4

« faisait pas scrupule de le châtier vertement à coups « d'éperons. »

Nous demanderons à M. le colonel du 6e régiment de lanciers ce que peut faire à ses lecteurs, tous plus ou moins militaires, d'apprendre que M. de Buffon a écrit ses immortels ouvrages avec des manchettes de dentelles à ses poignets, et que M. Baucher n'a pas craint de gourmander l'Ecriture sainte dans ses écrits ; quel fruit, en un mot, ses lecteurs pourront tirer de ce genre d'étudier les auteurs, et ce que cela prouve pour ou contre ces derniers ? Le colonel peut seul le dire.

« Patience, patience, chers lecteurs ! ne repoussez pas « dédaigneusement ce livre, nous dit par prévoyance M. le « baron d'Azémar (pag. 2); lisez encore ces quelques « pages, etc., etc.

« Un autre, considérant l'homme et le cheval comme « *un centaure*, prétend les dresser en même temps l'un et « l'autre en quelques leçons, par l'anatomie, les mathé- « matiques et la physiologie, en donnant à l'élève les « éléments de la philosophie équestre. »

Nous ne saisissons pas bien ce que l'auteur de cette transposition d'idées et de phrases a voulu faire supposer au lecteur pour résumer le but et les principes d'un travail qui a produit pour résultats de dresser en soixante-quinze leçons des recrues montant des chevaux neufs arrivant de la remonte, travail nouveau et jugé impossible quand il a été commencé.

Expérience à laquelle nous n'avions même pas le droit de nous refuser ; un refus n'eût-il pas accusé la bonté de nos principes et l'efficacité de notre enseignement ?

Il nous est donc difficile de comprendre ce qu'a voulu dire M. le colonel, surtout s'il a lu les rapports de la commission officielle et s'il a connu l'opinion du comité de cavalerie à l'égard de notre travail et de nos écrits.

Nous ferons remarquer à l'auteur de l'*Avenir de la cavalerie* qu'en analysant et discutant ses œuvres, nous n'avons pas eu besoin, comme il le fait à notre égard, de transposer les phrases, de prendre l'une à droite, l'autre à gauche ; pour faire apprécier son savoir-faire et son esprit, nous sommes resté dans le texte original sans aucune transposition.

Quand même nous aurions eu le droit d'user des mêmes procédés que l'auteur, nous nous serions bien gardé de le faire : car, en ne modifiant ni la forme ni le fond de son texte, nous assurions le triomphe de nos idées.

Dans notre école, nous voulons :

1° Que le cavalier, non-seulement ne froisse pas à chaque instant les règles les plus simples de la physiologie, mais qu'au contraire il s'en serve pour la conduite du cheval, pour sa propre conservation et celle de l'animal.

Nous voulons, en un mot, qu'il n'offense aucune des facultés natives du cerveau, et qu'il sache parler aux organes de son cheval.

C'est pourquoi nous donnons à notre élève *les règles élémentaires de la physiologie.*

2° Que le cavalier, au courant de la direction du travail des puissances musculaires, divisées en extenseurs et en fléchisseurs, puisse faire contracter l'une ou l'autre de ces deux masses quand le mouvement l'exige, afin que les puissances antagonistes se relâchent pour permettre le mouvement.

C'est pourquoi nous présentons, sans détails, *le travail des fléchisseurs et des extenseurs.*

3° Nous voulons enfin que le cavalier connaisse la marche du centre de gravité, afin qu'il la prenne pour règle dans le travail de ses trois agents : la main, le poids du corps et les jambes.

Pour résumer notre pensée tout entière, notre ambition a été de formuler des règles précises, tirées de la physiologie, de l'anatomie et de la mécanique, et de rendre ainsi le cavalier sûr de ses moyens d'action et de le faire arriver au but, sans perte de temps, sans usure du cheval ni fatigue pour lui, et avec une harmonie telle, morale et physique, entre le cavalier et le cheval, qu'après un temps fort court, ce qui ne veut pas dire *quelques leçons*, il soit en position de prouver sa puissance sur l'animal par un travail sans bride, non que nous ayons la prétention de faire travailler les militaires, comme jadis les Numides. Mais nous pensons, cette fois, *en coïncidence complète avec le colonel*, qu'un cavalier, capable d'exécuter l'école de peloton sans avoir besoin de se servir de ses rênes pour exécuter tous les mouvements, depuis le reculer jusqu'aux changements de pieds et changements de direction, etc., deviendra un terrible cavalier lorsque le jour du combat étant venu, il aura les rênes en mains.

On nous pardonnera donc de relater ici l'article du 17 mai contenu dans le journal *le Sport*.

« Vendredi 17, à quatre heures de l'après-midi, plu-
« sieurs officiers supérieurs, parmi lesquels se trouvaient

« M. le général Morris, M. le général Feray, M. le colonel « Verly, M. le colonel de Saint-Vincent, etc., MM. les officiers du corps des cent-gardes et d'autres régiments de « Paris, des amateurs distingués; MM. le marquis de « Lussac, comte de Prémorvan, comte de Poix, vicomte de « Preaulx, plusieurs étrangers, etc., etc., étaient réunis au « manége Duphot. Ils étaient venus assister au travail de « dix sous-officiers du corps des cent-gardes, montant leurs « chevaux sans bride, sans bridon, et la tête entièrement « dégagée de tout lien. Le travail a commencé par celui « du cavalier à cheval, les voltes, demi-voltes, changements de main, contre-changements de main, serpentine, « spirale, à des allures différentes.

« Tous ces exercices, sans en excepter un seul, ont été « exécutés avec précision et beaucoup d'ensemble.

« MM. les généraux et MM. les officiers ont déclaré que, « dans leur opinion, des cavaliers, exercés à manœuvrer « ainsi leurs chevaux sans bride, devaient acquérir une « puissance quadruple lorsqu'ils peuvent en outre se servir « de la bride et du filet.

« M. le général Feray, désirant savoir si les cavaliers « pourraient descendre de cheval et remonter sans désordre « et sans qu'on tînt les chevaux, M. de Lancosme-Brèves « a fait recommencer le travail individuel, puis a commandé : *Arrêtez*, *descendez de cheval*, *remontez;* ce « qui s'est fait avec ordre et précision. Cependant les chevaux des cent-gardes, recrutés en Normandie, sont, « comme on sait, généralement vifs et volontaires. »

Le 21 mai, le même travail a été recommencé en présence de M. le colonel Verly, devant M. le général de division Grand, président du comité de cavalerie, qui n'avait pu assister à la séance du 17 mai.

Nous n'avons qu'un seul but, que nous proclamons aussi haut qu'il nous est possible de le faire entendre, *celui de rendre service à la cavalerie et aux nombreux hommes de cheval de France.* Notre conscience nous dit que nous devons l'atteindre, et nous ne sommes pas homme à nous décourager. Le moment serait-il bien choisi, aujourd'hui que nous marchons sous le patronage des hommes intelligents et éclairés de l'armée ? Merci donc, merci mille fois à tous ceux qui ont bien voulu nous accorder leur haut et bienveillant appui. Nous le déclarons complétement, sans eux, nous n'eussions jamais eu l'occasion d'appliquer nos principes à l'armée, et c'est à eux aussi que nous renvoyons avec satisfaction les quelques succès que nous avons pu obtenir dans notre route pénible et laborieuse.

XI

Le dernier mot du colonel. — Réponse.

Nous n'avons analysé que le premier chapitre de l'auteur de l'*Avenir de la cavalerie.*

Que d'enseignements utiles n'aurions-nous pas recueillis de ceux dont nous laissons l'analyse à d'autres plus capables et moins occupés que nous !

Nous allons présenter encore quelques considérations sur les conclusions de M. le colonel, qu'il intitule : *Un dernier mot*, et dans lequel nous devons trouver la pensée intime de l'auteur. M. le baron d'Azémar déclare qu'il est partisan du travail individuel, mais il critique l'*instruction provisoire*, « *qui n'individualise pas assez le cavalier.* »

« L'école, dit-il, à laquelle nous voudrions voir em-
« prunter les leçons d'une large équitation individuelle,
« est celle que nous offrent les pays où le cheval est le
« *compagnon* et l'*ami de l'homme*.

« Les Tartares, les Syriens et les cavaliers arabes de nos
« possessions africaines, dont l'habileté équestre rappelle
« *celle des anciens Numides*, doivent nous servir de
« modèles. »

Vous verrez, colonel, que vous finirez par être un partisan fanatique de mes principes équestres, car ce sont eux qui vous conduiront, vous et vos lanciers, à être capables de monter le cheval de guerre à la numide; mais alors vous donnerez la supériorité à l'école française sur celle des Arabes. N'oubliez pas que l'Arabe, né à côté du cheval, et d'un cheval différent du nôtre, ne peut en rien nous servir de terme de comparaison, puisque nos mœurs, notre éducation, celle de nos chevaux et leur structure ne sont plus les mêmes. Aussi, pour faire du cheval l'*ami et le compagnon de l'homme*, dans un pays civilisé comme le nôtre, il faut, bon gré mal gré, s'adresser à l'étude de la physiologie....., sacrifier un peu de temps, non à l'ostéologie du crâne, à cette boîte osseuse, dont la vue, selon vous, cause de si terribles crises dans nos écoles, mais à son contenu. Il faut, pour nous résumer, que M. le colonel se décide à entrer dans une voie scientifique et qu'il laisse l'équitation instinctive à ceux qui habitent les déserts et les steppes.

Quoi qu'il en soit, il est bon d'étudier ces cavaliers sauvages et de chercher à faire mieux qu'eux avec des chevaux différents et avec les leurs.

« Suivons donc autant que possible en France l'exemple « de ces cavaliers types, et si nous n'obtenons pas *des* « *écuyers théoriciens,* du moins nous formerons des cava- « liers militaires hardis, solides, expérimentés, toujours « disposés à faire campagne et préparés à toutes les éven- « tualités de la guerre. »

Est-ce que par hasard, colonel, vous pensez que les écuyers d'aujourd'hui ne connaissent pas la pratique autant que la théorie? Mais soyez bien convaincu que, pour être un écuyer complet, comme j'en connais plus d'un, il faut les deux études, et c'est parce que les maîtres d'aujourd'hui, à peu d'exceptions près, sont capables d'aborder les deux genres d'équitation, qu'ils savent se faire écouter et adopter par notre brillante et énergique cavalerie.

Dans ce chapitre, et toujours faisant partie *de son dernier mot*, M. le colonel passe en revue tout ce qu'il a dit dans ses trois volumes, et il en profite pour revenir sur sa malheureuse idée de *zouaves montés sur des poneys corses.* Il veut qu'elle soit prise en sérieuse considération. « Au reste, « dit-il, peut-être en sera-t-il des zouaves montés comme « de la garde impériale, personne n'en voulait..., mais « lorsque l'on sut que l'Empereur allait la former, tout le « monde demanda à y entrer. »

Ainsi, le colonel tient toujours à faire suivre chaque zouave de deux chevaux et d'un palefrenier ; ou bien le régiment de plusieurs troupeaux de poneys corses, dressés à marcher ensemble.

M. le baron d'Azémar ne pouvait dans ce résumé oublier la loi du recrutement, et il s'écrie : « Que peut-on attendre, « en effet, d'une loi qui permet d'envoyer dans nos régi-

« ments, jusqu'à l'âge de trente ans, *des faiseurs de bonnets* « *de coton*, qui n'ont, de leur vie, monté à cheval ? »

Nous ignorons si M. le colonel a dans son régiment beaucoup d'industriels de la partie susénoncée, entrés à l'âge de trente ans. Tout ce qu'il dit pourrait nous le faire supposer.

M. le colonel s'occupe trop de l'*accessoire*, et pas assez du principal... Qu'il s'occupe donc un peu plus de l'instruction pratique des trois agents, la main, le poids du corps, et les jambes ; qu'il apprenne au cavalier, dès les premières leçons, à résister aux défenses et à les diriger, et il verra que tout ce qui le préoccupe est très-secondaire, comparé à ce qui le préoccupe si peu.

XII

Le dernier mot du colonel (suite). — **Réponse**.

Voici une attaque directe de M. le colonel, que nous ne saurions laisser passer sans y répondre, bien que nous ne sachions quel sens y appliquer. Le lecteur jugera.

« Dans la deuxième partie de ce travail, nous avons « essayé *de faire justice de ces nombreuses modifications*, « proposées dans le but fort louable, d'ailleurs, de cor- « riger, de rectifier et d'améliorer l'ordonnance tactique « de la cavalerie. Les principes de ce règlement, sanc- « tionnés par une longue expérience, ont toujours été res- « pectés par nos plus hautes sommités militaires sorties

« de la cavalerie ; et Son Ex. le ministre de la guerre, dans « l'introduction qui précède l'*instruction provisoire* sur le « travail individuel, exprime nettement sa volonté de les « maintenir intacts, en rappelant que le conseil d'instruc- « tion de l'école de cavalerie a été chargé de préparer « cette instruction supplémentaire, *sans apporter de mo- « difications aux principes de l'ordonnace du* 6 *dé- « cembre* 1829.

« CE N'EST DONC PAS SANS ÉTONNEMENT QUE NOUS AVONS VU « UN ÉCUYER RENOMMÉ, CHARGÉ PAR LE MINISTRE DE FAIRE DES « ESSAIS POUR AMÉLIORER L'INSTRUCTION ÉQUESTRE DE NOS « CAVALIERS, ATTAQUER, CRITIQUER ET PROPOSER DE MODIFIER « QUELQUES-UNS DE CES MÊMES PRINCIPES QU'IL TROUVE « VICIEUX.

« *On pourra un jour perfectionner certaines parties du « texte de cette théorie ; mais, à notre avis, le moment « d'y mettre la main n'est pas encore venu.* »

Nous allons répondre succinctement à chacun des reproches de M. le colonel.

Tout d'abord nous déclarons que l'auteur de l'*Avenir de la cavalerie* a pu essayer de *faire justice* des nombreuses modifications, etc., etc., concernant l'ordonnance, etc., etc., mais qu'il n'a fait justice que d'une seule chose, de *la théorie elle-même*, dont il s'établit le défenseur, et dont il fait le procès à chaque page par tout ce qu'il reproche au *cavalier*, qu'il trouve *mauvais ;* au *cheval*, qu'il trouve *mal dressé*.

Il est inutile de revenir sur ce que nous avons dit à ce sujet dans notre première et notre seconde réponse.

Continuons :

« Les principes de ce règlement, sanctionnés par une « longue expérience, ont toujours été respectés, etc., etc.

M. le colonel nous a fait *un tableau lamentable* de ce que la théorie du 6 décembre 1829 avait produit pendant trente années d'exercice, et il parle de la longue expérience sanctionnée, etc., etc. C'est justement parce que Son Ex. M. le ministre de la guerre, a jugé que la *longue expérience des principes de la théorie du* 5 *décembre* 1829 n'avait pas encore assez sanctionné *son efficacité*, qu'à l'exemple de Son Ex. le duc de Dalmatie, de Son Ex. le maréchal Vaillant, il a ordonné, sur la demande de M. le général de division Grand, président du comité de cavalerie, des expériences nouvelles, dans le but de trouver, s'il était possible, des principes supérieurs à ceux dont il disposait *pour l'exécution de son travail individuel.*

Son Ex. le ministre de la guerre, dans l'introduction, etc., etc., exprime nettement sa volonté, etc., de préparer cette instruction supplémentaire, *sans apporter de modifications aux principes de l'ordonnance du* 6 *décembre* 1829.

Nous demanderons à M. le colonel, qui aurait eu le droit de modifier ces principes parmi le conseil d'instruction chargé de la rédaction du projet de Son Excellence, et sur quoi eussent porté ces modifications ? Puisque l'expérience des nombreux essais exécutés par les ordres de M. le ministre de la guerre n'avait pas été suffisante pour faire adopter *une théorie définitive*, Son Excellence agissait donc sagement en ne sortant pas du cadre ancien, les modifications présentées partiellement étant trop disséminées dans différents corps de doctrine pour être laissées au libre arbitre d'un ou deux rédacteurs, hommes trop capables pour vouloir assumer sur eux la responsabilité du travail.

Son Excellence, M. le comte Randon, si dévoué aux intérêts de la cavalerie, a chargé, comme on le sait, chaque colonel de faire expérimenter sous ses yeux le nouveau *travail provisoire*, et de donner son avis sur les résultats obtenus.

Conséquent avec son devoir, et ne transigeant pas avec lui, M. le colonel d'Azémar n'a pas cru suffisant de formuler *secrètement* son avis sur le nouveau travail du ministre, et il a livré son appréciation à tout un public désireux de connaître l'appréciation d'une vieille expérience.

« Acheminement vers un système meilleur, dit-il, en « élaguant *toutefois* de ce projet ce qui est *trop compliqué*, « *trop difficile, trop savant ou pas assez individuel.* »

« Acheminement vers un système meilleur ! » Il paraît donc certain, colonel, que le système suivi jusqu'à présent n'était pas très-bon... C'est vous qui le dites, ce n'est pas nous.

Continuons : « En élaguant toutefois de ce projet *ce qui* « *est trop compliqué, trop difficile, trop savant ou pas* « *assez individuel.* »

Nous demanderons ce qui restera de *l'instruction provisoire sur le travail individuel* après l'élagage de M. le baron d'Azémar.

Ne dirait-on pas un jardinier coupant ou arrachant les branches et les racines d'un arbre fruitier qui se meurt ? Et ce qui suit est digne de remarque...

« Ce n'est donc pas *sans étonnement*, continue l'auteur « de l'*Avenir de la cavalerie*, que nous avons vu un écuyer

« renommé, chargé par le ministre de faire des essais « pour améliorer l'instruction équestre de nos cavaliers, « attaquer, critiquer et proposer de modifier quelques- « uns de ces mêmes principes, *qu'il trouve vicieux.* »

Nous concevrions que M. le colonel nous blâmât fortement si nous proposions de modifier des principes que nous trouverions *bons;* mais nous blâmer de proposer de modifier des principes que nous trouvons *vicieux*, nous avouons franchement que notre intelligence ne va pas jusqu'à nous trouver digne de blâme.

D'autant qu'avant de livrer à l'impression notre travail, nous en avons remis le manuscrit à Son Excellence elle-même, qui a bien voulu nous autoriser à le publier, à nos risques et périls, bien entendu.

Et, nous le demanderons au colonel, sans la bienveillance du ministre en cette circonstance, notre manuscrit ne serait-il pas relégué dans quelque carton du ministère, attendant, pour être jugé, un militaire de bonne volonté... qui sait?... peut-être M. le colonel baron d'Azémar. Car une fois qu'un travail a été remis au ministre, il a le droit de le faire examiner par l'homme qu'il trouve le plus compétent dans la matière. Mais revenons aux reproches de M. le colonel.

Il nous semble qu'entre M. le baron d'Azémar et nous, il doit y avoir en notre faveur, dans la circonstance présente, une différence d'appréciation qui doit plaire aux auteurs de l'*Instruction provisoire*.

En effet, qui donc critique et veut élaguer les cinq sixièmes du travail sorti de Saumur sur les notes du ministre?..... M. le baron d'Azémar. Et nous, qu'avons-nous dit sur ce travail? Rien, absolument rien... Et pourquoi?

Parce qu'avant de l'examiner scrupuleusement, nous avons voulu nous rendre compte *avec quels éléments ce travail devait être exécuté*...

Or, nous avons vu que c'était d'après les règles de l'ordonnance du 6 décembre 1829. *Il nous* était donc commandé par le devoir de nous assurer si les principes de cette ordonnance menaient à l'exécution *du travail provisoire* et en assuraient le succès.

Mais voici une de ces contradictions qu'on ne remarquerait pas venant d'un esprit ordinaire, et qui frappe, partant de l'auteur de l'*Avenir de la cavalerie.*

« On pourra un jour, dit-il (après m'avoir fortement « blâmé), on pourra un jour perfectionner certaines par- « ties du texte de cette théorie; mais, à notre avis, le « moment d'y mettre la main n'est pas encore venu. »

Ici, notre étonnement redouble : « le moment n'est pas encore venu! » Mais, monsieur le colonel, de deux choses l'une :

Ou vous reconnaissez que nous sommes dans la vérité, et pourquoi le moment de corriger ce texte n'est-il pas venu? Vous voulez donc continuer à traiter les cavaliers de mauvais cavaliers, les exposer à fuir devant le mouchoir agité d'un fantassin, qui aimera beaucoup la plaisanterie?

Ou bien vous n'admettez pas ce que j'avance; mais alors, pourquoi convenir, de votre côté, que le texte a besoin de modification? Nous sommes donc presque d'accord, et nous le croyons d'autant mieux que vous n'avez pas fait un mot de réponse à tout ce que nous reprochons à la théorie du 6 décembre 1829, et que vous trouverez à la page 175 de notre *Centaurisation* et à la page 17 de notre réponse à vos deux premiers volumes.

Nous devons terminer, pour ne pas fatiguer le lecteur : M. le baron d'Azémar finit son chapitre en reproduisant une phrase qui concerne l'usage du sabre pour la cavalerie.

« Nous pensons, écrit un officier supérieur de l'armée « française, en parlant du sabre, *nous pensons qu'il faut* « *en débarrasser même le cavalier.* »

« Débarrasser le cavalier de son sabre ! s'écrie M. le « colonel ; mais le sabre, c'est le cavalier... »

Ce trait est juste ; il le serait encore plus, si le colonel, qui fait la réponse, nous laissait la consolation de pouvoir dire, après la lecture attentive que nous avons faite de son long ouvrage : *Le sabre est terrible au poignet du cavalier français*... Mais, si nous prenions au sérieux ce qu'il dit sur la manière dont on monte dans la cavalerie française, nous répéterions avec l'officier précité : « *Oui, nous pensons qu'il faut en débarrasser le cavalier.* » Heureusement que M. d'Azémar a traité la cavalerie comme un enfant gâté que l'on gronde fortement pour l'embrasser après... Nous demanderons donc, avec le colonel, qu'on veuille bien encore pour cette fois laisser le sabre au cavalier, promettant qu'à l'occasion il saura prouver qu'il sait monter à cheval et frapper dur.

Quant à l'officier supérieur si brusquement interpellé par le colonel, nous sommes certain qu'il parlait dans un ordre d'idées qui n'a pas été saisi par M. le baron d'Azémar.

En faisant cette demande, il pensait aux effets terribles et avantageux des armes à feu; il voulait faire de nos cavaliers *des foudres de guerre*, non au figuré, mais en réalité, prenant l'ennemi en tête, en queue et sur les flancs.

Quelle qu'ait été l'idée de cet officier, il est certain que le sabre n'exclut ni le fusil, ni le pistolet, ni le revolver, ainsi que M. le baron d'Azémar le dit.

La pensée de l'auteur de l'*Avenir de la cavalerie* a été bonne; il a voulu défendre l'arme qu'il sert, croyant, d'après quelques bruits, qu'elle courait le danger de perdre de son importance et de voir réduire son effectif. Il s'est trop hâté, suivant nous.

M. le baron d'Azémar finit ainsi son troisième volume :

« La cavalerie est une arme noble et délicate; il faut la « respecter et n'y apporter de changement qu'avec la plus « grande réserve; nos grands capitaines l'ont proclamé, « *et nous après eux*. S'il en était autrement, sans craindre « de nous servir d'une orgueilleuse maxime espagnole, « nous dirions : *Ne touchez pas à la reine.* »

Que M. le baron d'Azémar veuille bien nous permettre, en terminant, de lui faire remarquer que l'équitation est la reine de bien des militaires, de beaucoup de monde... et que, pour oser l'aborder, il faut s'y être préparé... Car, quoiqu'elle soit excellente princesse, elle a aussi sa majesté comme toute reine, et elle est une des sœurs de la cavalerie, qui ne peut rien sans elle... et, comme la cavalerie, elle compte parmi ses sujets sur des dévouements qui ne lui feront jamais défaut, et qui diront à M. le colonel : *Ne touchez pas à la reine.*

XIII

— Conclusion. —

Après avoir lu l'*Avenir de la cavalerie*, que restera-t-il de sa lecture pour notre instruction? et le titre est-il bien choisi? Nous déclarons, sans hésiter, que nous devions nous attendre à voir la cavalerie présentée sous un aspect plus favorable par un colonel qui possède, nous ne craignons pas de l'avancer, des qualités essentielles et une érudition très-grande, jointe à une pratique incontestable. Voyons si nous pouvons tirer *une conclusion* des théories sans nombre de M. le baron d'Azémar, tout en restant toujours dans la question équestre.

5.

Si nous avons bien compris, l'auteur veut *une équitation large*, comme ses devanciers, comme nous la voulons tous. Il veut une équitation capable de former des cavaliers intrépides, pouvant aller en avant, à droite et à gauche, par monts et par vaux, et se riant de tous les obstacles, prévus et imprévus; et si, en admettant *le but*, nous cherchons les moyens qu'il propose pour l'atteindre, il nous semble que nous pouvons les réduire à deux principaux.

Le premier, d'avoir des recrues plus jeunes que vingt et un ans.

Le second, d'exercer sans cesse sur les routes et dans les campagnes les hommes et les chevaux.

Nous répéterons, ce que nous avons dit au sujet de l'âge des recrues, que celui de vingt et un ans satisfait à toutes les exigences de la santé, de la souplesse, de la force et de l'intelligence, en un mot à toutes les exigences du service militaire.

Pour ce qui concerne le second moyen, que nous trouvons excellent, pourvu qu'il soit employé *à heure et à temps*, nous dirons qu'il n'est qu'*un accessoire* indispensable *au principal.*

Abandonnons donc la conclusion, pour entrer dans l'examen d'une question beaucoup plus importante que toutes les autres : celle *des débuts d'une recrue dans son instruction première.*

Nous mettons de côté, comme on le voit, toutes les citations anciennes et modernes de l'auteur ; nous passons également sous silence l'opinion trop précipitée, selon nous, qu'il émet sur les ouvrages de Buffon, de Labroue, etc. Toutes ces matières ne présentent à nos yeux qu'une seule conséquence, c'est que M. le colonel n'a pas lu avec assez d'attention ces écrivains, car il n'est pas douteux pour nous que, livré à l'étude de ces maîtres, il ne nous donne un jour ou l'autre quelques belles pages instructives, comme il s'en trouve de temps à autre dans plusieurs de ses chapitres. Telle est, selon nous, la meilleure conclusion que nous puissions tirer de l'*Avenir de la cavalerie*, équestrement parlant.

XIV

A MM. les instructeurs de lá cavalerie. — Instruction première du cavalier recrue. — Résultats de notre école.

La question qui doit prédominer l'esprit de tout instructeur, c'est celle de donner avant tout au cavalier recrue et au cheval un mode d'instruction uniforme, basé sur *des principes fixes et invariables.*

Tout le monde sait qu'un cavalier qui entre en campagne, après avoir eu des principes équestres supérieurs à ceux qu'un autre de même condition de force et d'intelligence, etc., aurait reçus, se fatiguera moins, fatiguera moins son cheval et se battra, sinon avec plus de courage, du moins avec plus d'assurance que le second, laissé en quelque sorte à lui-même.

Cette pensée, que nous reproduisons ici, est celle qui a présidé à la rédaction du texte de la théorie du 6 *décembre* 1829.

Et nous répéterons encore que, proposer de changer quelques *principes organiques* de la théorie, que nous trouvons *vicieux,* n'est pas proposer la suppression d'une ordonnance dont au contraire nous avons fait un éloge mérité ; mais nous appuyons sur la nécessité de *modifications* d'autant plus nécessaires à nos yeux qu'elles faciliteront l'exécution *de l'instruction provisoire* sur le travail individuel, et qu'elles tranformeront *l'homme et le cheval* d'une manière inattendue... Qu'on nous permette donc d'expliquer notre pensée.

Il faut que *l'instructeur* n'ait en vue, en commençant avec l'homme recrue, que *l'instruction de celui-ci,* et qu'il ne considère *celle du cheval que comme la conséquence de l'enseignement qu'il inculque au cavalier*.

Il faut qu'il ne laisse rien à l'appréciation éventuelle du soldat ; qu'il lui apprenne chacun de ses moyens d'application, sans lui permettre d'en créer lui-même de nouveaux.

C'est ce qui arriverait toujours si le soldat devait faire lui-même l'application, sur le cheval, de ces théories d'assouplissements qui exigent une interprétation particulière à chaque animal.

Le cavalier doit donc recevoir et transmettre une instruction uniformément prescrite. On voit que nous sommes plus que jamais dans l'esprit de la théorie du 6 décembre 1829, si nous ne sommes pas complétement dans *la lettre elle-même* du texte.

Nous allons donc chercher à rendre *l'esprit de la théorie*

efficace, en donnant les moyens d'appliquer la lettre du texte, *revu et modifié.*

Il faut que l'instructeur explique avant toute chose *au cavalier recrue* qu'il a trois moyens de contact avec l'animal : *la main*, *le poids du corps*, *les jambes ;*

Que ces trois moyens de communiquer avec le cheval ont des attributions différentes, et se divisent de la manière suivante :

1° Agents de la solidité ;

2° Agents de la conduite.

Partant de là, l'application des agents de la solidité doit se faire par un exercice particulier et d'après des explications séparées, ainsi que celle des agents de la conduite, et les deux doivent être indépendants *les uns des autres.*

Ainsi, le cavalier doit être mis en mesure, dès ses premières leçons : 1° de faire usage de ses agents de solidité, qui sont *ses cuisses et ses genoux ;*

2° D'appliquer ses agents de conduite, qui sont *la main*, *le poids du corps et les jambes.*

Pour cela, l'instructeur explique au cavalier les défenses et l'exerce dans le mouvement qui le préserve de leurs conséquences (nous renvoyons nos lecteurs à notre *Théorie de la Centaurisation*) ; ensuite il exerce séparément chacun des agents de la conduite.

Il faut que le travail de chaque agent devienne si familier au cavalier, que les règles de la conduite du cheval passent chez lui *à l'état instinctif.*

Pour arriver à ce but, il est indispensable que l'instructeur mette dans l'exercice séparé des trois agents *une sévérité d'exactitude* d'autant plus grande que du commencement, qui ne demande que huit à dix leçons, dépend la vie équestre du cavalier : aussi est-il nécessaire que MM. les instructeurs soient spécialement exercés à démontrer et faire exécuter ce premier travail ; en un mot, qu'ils se forment eux-mêmes à cette leçon, quelle que soit leur valeur personnelle, que nous sommes tout disposé à admettre, comme militaire et comme instructeur, bien supérieure à la nôtre.

Nous avons posé en principe, dans notre *Centaurisation*, que la marche des *agents* était invariable, que le degré d'application variait seul ; et nous établissions également en principe que les agents doivent travailler de la même manière sur chaque cheval, quelle que soit *la différence de caractère d'un cheval à un autre.*

Mais, me dira-t-on, en raison de la sensibilité qui varie d'un cheval à un autre, ce que vous proposez est impossible ? Nous répondrons que *cette différence de sensibilité* ne détruit pas la similitude du travail d'un cheval à un autre, attendu que les allures et les mouvements des chevaux ne varient d'un sujet à un autre que par la promptitude, l'élévation, l'étendue, mais que le travail des puissances est toujours le même dans les conditions que nous posons.

Il en résulte donc que les agents du cavalier ne doivent modifier également leur travail d'un cheval à un autre que par leur degré d'application.

Or, chez un cheval de troupe, quand bien même le degré ne serait pas toujours observé, l'uniformité du travail, la répétition constante, amèneront entre le cavalier et le cheval, au bout d'un certain temps, *une harmonie dans les deux sensibilités*, qui fera naître *l'union physique*, conséquence du travail des trois agents dans l'ordre physiologique, anatomique et mathématique de la machine animée.

Il faut donc que l'animal accepte son cavalier et obéisse à ses sollicitations par la force des excellents principes inculqués à celui-ci : obéissance, souplesse, assouplissement, détermination, doivent être les qualités du cheval monté et conduit, d'après les principes tirés des sciences physiologique, anatomique et mathématique.

Le dressage de l'homme et du cheval se divise, dans notre école, en deux parties : l'union physique, l'union morale.

Le premier a été obtenu d'une manière absolue et inattaquable, dans nos expériences du 28 février 1860, par de jeunes recrues dont les noms suivent, dressant eux-mêmes leurs chevaux.

Sous-officier du 1er régiment de carabiniers, M. de Vérac. *Cavaliers :* MM. Bras, Barthélemy, Lormet, Meunier, Birgy, Pluquet, Jacquinot, Leclerc, Perpey, Chapelan, Seiler.

Sous-officier du 2e régiment de carabiniers, M. Zimmermann.—*Cavaliers :* MM. Sacaze, Séméac, Phelippot, Muller, Duhem, Schmitt, Sarthe, Castex, Mouly, Lehmann (1).

---

(1) MM. Séméac et Lehman sont entrés à l'hôpital à la dix-septième leçon, et ont été remplacés plus tard par deux autres cavaliers.

Le travail obtenu par ces jeunes gens a consisté dans l'étude de l'*union physique* et la préparation de celle de l'*union morale.* Si j'avais conservé ce peloton trois mois de plus, mon intention était de compléter son instruction par la seconde partie de mon enseignemen tet de les rendre à leur régiment avec l'instruction équestre entièrement terminée, *sous le rapport de la conduite du cheval*, telle que je l'entends.

Des cavaliers ainsi préparés doivent, par la pratique, acquérir avec l'expérience un degré de force équestre extraordinaire.

Ce que je n'ai pas fait avec les recrues, je viens, sous les yeux de M. le colonel Verly, commandant des cent-gardes, de le mettre en pratique avec MM. les sous-officiers dont les noms suivent :

M. Mortreux, adjudant ;

MM. L'hermitte, Balase, Pic, Lesueur, Lagleise, Marc, Mercier, Travert, Termet.

Je n'avais à m'occuper avec ces messieurs de l'*union physique* que sous le rapport de quelques modifications dans l'application des *agents de la solidité* et des *agents de la conduite.* Ces messieurs apportaient avec eux une instruction solide et une pratique très-grande ; mon travail, pour me faire comprendre, se simplifiait donc considérablement. Aussi mon instruction, commencée le 27 mai, donnait pour résultat à la quinzième leçon le travail débarrassé de la bride, remplacée par un cordon de sûreté.

A la trentième leçon, tous les chevaux, sauf deux, travaillaient sans rien à la tête, et les deux retardataires en avaient conservé, sur mon insistance auprès de leurs cavaliers, quoique pouvant s'en passer ; mais ils étaient d'une nature souffrante et dangereuse, bondissant au moindre déplacement du cavalier.

Le but de ce travail n'étant que de présenter un complément d'instruction *et non pas de monter des chevaux sans bride*, le cordon de sûreté me paraît une prévoyance que je conseillerai toujours aux cavaliers.

Nous ferons remarquer, en terminant ce chapitre, que l'*union morale* entre le cavalier et le cheval donne pour résultat de remplacer la *force brutale* par celle *morale*, de rendre le cavalier d'une souplesse et d'une hardiesse incontestables, de lui apprendre à raisonner toutes ses actions, de le faire l'ami et le compagnon du cheval, de faire entrer l'homme et le cheval dans un rapport constant, par lequel le premier incruste dans le cerveau de l'animal sa supériorité morale et physique, et acquiert sur lui une puissance illimitée.

L'avenir jugera nos travaux..... En attendant qu'il décide, disons que les chevaux soumis aux deux périodes de notre dressage deviennent plus obéissants, plus souples et se conservent mieux ; que les cavaliers instruits aux deux périodes sont plus à leur aise à cheval, plus hardis, plus solides, plus patients, plus prévoyants, et qu'ils savent mener le cheval non-seulement par les moyens ordinaires, mais encore par d'autres très-puissants, qui forment le complément du dressage du cheval et de l'instruction équestre du cavalier.

FIN.

TABLE DES MATIÈRES.

OUVRAGES DE M. LE COMTE SAVARY DE LANCOSME-BRÈVES

QUI SE TROUVENT A LA LIBRAIRIE [illegible]

De l'Équitation et des Haras. [illegible] édition. Illustrations par M. E. Giraud. In-4°. Prix : 15 fr.

De l'Équitation et des Haras. 3e édition, avec [illegible] de l'auteur. In-8°. Prix : 6 fr.

La Vérité à cheval. Illustrations par MM. [illegible] Ph. Ledieu. In-8°. Prix : 5 fr.

Guide de l'Ami du cheval. Histoire, Science et Pratique de l'Équitation. Illustrations par MM. Eugène [illegible], [illegible] et Charles Giraud. 2 vol. gr. in-8°. Prix : [illegible] fr. par volume.

Le 3e volume est sous presse.

Théorie de la [illegible] pour arriver [illegible] à l'exécution des [illegible]. In-18. [illegible].

Réponse à M. le [illegible], [illegible] du [illegible]ment de lanciers, Auteur de l'ouvrage [illegible] (partie purement équestre). Brochure in-8°. 1861. Prix : [illegible]

Imprimerie de Cosse et J. Dumaine, rue Christine, 2.

www.ingramcontent.com/pod-product-compliance
Ingram Content Group UK Ltd.
Pitfield, Milton Keynes, MK11 3LW, UK
UKHW020344180726
13839UKWH00002B/911

9 782329 611914